40.000 Francs de dot

ÉMILE RICHEBOURG

GRANDE COLLECTION NATIONALE

50 c. L'OUVRAGE COMPLET

40.000 francs de dot est un délicieux roman d'une lecture émouvante, où se retrouvent toutes les qualités qui ont placé Émile Richebourg parmi les plus grands romanciers populaires.

40,000 FRANCS DE DOT

CHAPITRE PREMIER

U L'ON VERRA LE DRAME A PARIS SERVIR DE PROLOGUE A LA COMÉDIE AU VILLAGE

Le 20 décembre 18.., entre neuf et dix heures du matin, le corbillard des pauvres montait lentement la rue Notre-Dame-de-Lorette, se dirigeant vers le cimetière du Nord. Ce jour-là, le ciel de Paris, nébuleux et sombre, semblait s'être abaissé aux toits des maisons. Dans la nuit, une pluie fine et glaciale avait mouillé les rues; les pavés, sous une couche de verglas, luisaient ainsi que des miroirs. Aussi marchait-on difficilement et avec fatigue. La bise soufflait du nord-est, s'engouffrait dans les rues en tourbillons, sifflait lugubrement aux angles des maisons et chassait devant elle les hommes et les femmes en leur mordant leur pitié du nez et les oreilles.

Deux femmes seulement et quelques hommes, la tête découverte, malgré le froid, suivaient le cercueil.

La première de ces femmes pouvait avoir quarante ans, l'autre était une jeune fille âgée de seize ans environ.

Sur les trottoirs, les passants saluaient avec indifférence celui qui les précédait dans la tombe, et nul ne demandait le nom de la personne que l'on conduisait ainsi sans bruit et sans éclat, à sa dernière demeure.

Le convoi sortit de la ville et entra au cimetière.

Quelques minutes après, les deux femmes s'agenouillaient sur la terre que l'on venait de jeter sur le cercueil et adressaient un dernier et suprême adieu à celui que la mort leur avait pris. A leurs sanglots se mêlèrent les soupirs du vent dans les cyprès. Quant aux hommes, respectueux devant la douleur, ils s'étaient rangés derrière elles tristes et silencieux.

Une humble croix de bois fut plantée sur la tombe; pour épitaphe elle portait un nom:

STÉPHEN BURNER

Puis, sur trois couronnes d'immortelles dont on l'avait ornée, on lisait: A mon époux, A mon père, Souvenir de l'amitié.

Stéphen Burner, fils d'un pauvre musicien, avait quitté la province à l'âge de vingt-deux ans pour venir faire connaître à Paris son talent de violoniste vraiment remarquable. L'audacieux jeune homme avait toutes les illusions de son âge: à vingt ans ne fait-on pas toujours de beaux rêves?... Ambitieux et regardant peut-être trop au-dessus de lui, Stéphen n'était pourtant ni présomptueux ni fou; il connaissait sa valeur, il avait essayé son courage et se croyait indomptable.

Grâce à sa jeunesse et à une physionomie agréable, il fut reçu et se fit entendre dans deux ou trois salons à la mode, où les lettres et les arts étaient dignement représentés. Il obtint des succès peut-être trop faciles; plusieurs journaux parlèrent de lui avec enthousiasme.

Le jeune artiste se décida à donner son premier concert. L'élite de la société parisienne s'y donna rendez-vous.

Les bénéfices du concert furent assez considérables pour permettre à l'artiste de vivre largement pendant une année jusqu'au retour de la saison d'hiver.

Mais les engouements sont généralement peu durables; quand Stéphen Burner voulut donner un second concert, soit qu'il eût dédaigné les intrigues des gens vulgaires, en ne se servant point du faux langage des courtisans et des flatteurs, les protecteurs de l'année précédente lui avaient retiré leur égide. Les mêmes journaux, qui l'avaient posé en homme de génie, voulurent bien, en se faisant prier, lui accorder trois ou quatre lignes insignifiantes dans la colonne des réclames. Il plaça difficilement quelques billets et fit à peine les frais de sa soirée. Cette épreuve fut terrible pour Stéphen; car, le cœur et l'âme mortellement atteints, il voyait tomber en lambeaux ses plus chères illusions!

Un artiste médiocre se serait consolé en accusant les hommes d'injustice, de jalousie ou d'ignorance; Stéphen, lui, n'accusa personne. Ayant à lutter contre les exigences impérieuses de la vie, il renonça courageusement à toutes ses espérances. Il parvint à se faire recevoir maître de chapelle dans une paroisse des environs de Paris, et, sur la présentation d'un ami, il fut accepté comme professeur de piano et de chant dans un pensionnat de demoiselles.

C'est parmi les professeurs attachés à cette maison que Stéphen rencontra celle qui devait être sa femme.

Un an après, ils eurent une fille, qu'ils nommèrent Emérance.

La jeune femme dut cesser de donner des leçons, et Stéphen se vit forcé de doubler les heures de son travail, pour entourer d'un peu d'aisance sa chère famille.

Cette existence, toute de peines et souvent de privations, dura plusieurs années. Stéphen, jour par jour, avait usé sa vie; une affection de poitrine se déclara. Mais longtemps encore il oublia le mal qui le tuait; il continua ses leçons jusqu'au jour où la force lui manqua complètement.

Malgré les soins que sa femme et sa fille lui avaient prodigués le malheureux artiste venait de mourir, après trois mois de souffrances cruelles.

Et cet homme qui, vingt ans auparavant, le front rayonnant de jeunesse et d'espoir, avait été salué par les acclamations frénétiques de la foule émerveillée, cet homme descendait, oublié, dans la fosse du pauvre. Son nom, mêlé fatalement aux plus obscurs, était tout ce qui pouvait rappeler encore le souvenir de quelques succès éphémères.

Les derniers jours de l'année s'écoulèrent bien tristement pour la veuve et sa fille. Le modeste appartement qu'elles occupaient rue des Jeûneurs, au cinquième étage, privé de la présence de celui qui apportait la joie et le peuplait de sourires, leur semblait bien désert.

Les quelques économies de l'artiste avaient été absorbées pendant sa maladie; sa femme et sa fille restaient donc sans ressources, au milieu de l'hiver.

Le soir du 1er janvier, elles étaient assises devant la cheminée où un seul morceau de bois, recouvert de cendres achevait lentement de se consumer. Une douleur poignante, plus encore que le froid, pâlissait leurs visages tourmentés. Silencieuses, immobiles et la tête inclinée, toutes deux laissaient aller leur pensée assombrie aux caprices d'une imagination malade. On n'entendait que le bruit régulier de leur respiration et, de temps à autre, celui d'un soupir étouffé.

La pièce dans laquelle elles se trouvaient ne contenait plus que les restes d'un mobilier qui, sans annoncer la richesse, avait dû être frais et coquet. Une place vide pleurait l'absence du meuble principal de la chambre, le piano de l'artiste vendu par la veuve pour payer le médecin et le faire enterrer. Un peu plus haut, un violon accroché au mur entre deux gravures représentant Bellini et Mozart.

Mme Burner avait relevé la tête et ses yeux s'étaient arrêtés sur le violon; la vue de l'instrument l'impressionna vivement; sa poitrine se gonfla et des larmes coulèrent sur ses joues.

La jeune fille se mit à genoux devant sa mère, lui passa ses bras autour du cou et l'embrassa longuement.

— Chère mère adorée, je voudrais vous consoler et je n'ose rien vous dire, car je comprends et partage votre douleur et vos regrets.

— Il y a un an nous étions tous joyeux, et aujourd'hui... J'ai peur de l'avenir, mon enfant; je crains d'y regarder, parce que je n'y puis y voir que de sombres tableaux, des souffrances pour toi, ma bonne Emérance, et le désespoir pour nous deux.

— Espérons, au contraire, ma mère.

— Oui, car l'espoir rend la vie supportable au malheureux. Mais demain tu auras faim, et nos derniers sous sont dépensés. Comment ferons-nous ?...

— Je trouverai des élèves pour le piano, ma mère ; n'est-ce pas à moi de travailler pour vous, maintenant ? J'ai du courage, vous verrez.

— Il ne te manque pas, je le sais ; mais ce sont les élèves que tu ne trouveras point. Si jeune, tu n'inspireras pas assez de confiance.

— J'essayerai, dit la jeune fille.

— Dieu voudra peut-être que tu réussisses.

— Oh ! il le voudra, ma mère.

— Nous attendrons. Nous vivrons bien encore pendant trois mois avec les meubles qui nous restent. A l'exception du violon de ton père, dont je ne me séparerai jamais, s'il le faut, nous vendrons tout ce qui est ici.

Comme Mme Burner achevait ces mots, on frappa doucement à la porte.

Emérance alla ouvrir. Un homme entra.

Il pouvait avoir soixante ans ; un vieux chapeau de feutre couvrait sa tête entièrement chauve ; sa redingote, qui avait été noire à une époque fort reculée, usée maintenant jusqu'à la corde et boutonnée à partir du menton, enveloppait son corps long, sec et singulièrement aminci. Ses yeux avaient conservé, malgré son âge, une vivacité, un éclat remarquables. Sa figure était douce et bienveillante ; mais des jours de misère ou quelque souffrance ignorée l'avaient affreusement ravagée. Cet homme était un artiste, pauvre lutteur tombé vaincu dans l'arène en essayant de combattre, un de ces milliers d'hommes de talent qui végètent inconnus dans Paris, et que les indifférents appellent dédaigneusement des bohèmes.

— C'est vous, mon bon Franz, dit Mme Burner en lui tendant la main et en le faisant asseoir sur le siège qu'Emérance venait de placer devant le feu.

— Je n'ai pas voulu laisser passer le premier jour de l'année sans venir vous voir, madame Burner.

— Vous êtes un véritable ami, vous nous attendions.

— Je n'irai pas à mon théâtre ce soir ; je pourrai rester plus longtemps avec vous.

— C'est bien aimable à vous d'avoir eu cette pensée, Franz ; vous nous ferez plaisir, car nous sommes si isolées, si tristes...

— Allons, allons, on ne peut pas vivre avec les morts : il faut prendre son parti, coûte que coûte, et s'égayer un peu.

— Ah ! Franz, la joie s'est éloignée pour toujours.

— C'est bien, c'est bien, ne parlons plus de cela, car je pourrais bien pleurer à mon tour, dit le vieillard en essuyant une larme au coin de son œil. Je me suis occupé de vous ces jours derniers, madame Burner, reprit-il.

— De moi, Franz ? Comment cela ?

— Voici : J'ai vu la plupart des artistes qui ont connu Stéphen et plusieurs autres qui sont mes amis ; je leur ai appris votre situation et j'ai eu le bonheur d'être compris. Ils sont pauvres presque tous, mais ce sont surtout ceux-là qui ont du cœur. Nous avons organisé une petite souscription en votre faveur, elle a produit cinq cents francs. Les voilà, ajouta-t-il en posant une bourse sur les genoux de Mme Burner.

— Est-ce possible, Franz ? s'écria la veuve avec émotion. Pauvre ami, quelle peine vous avez dû prendre !... Mais je ne puis, je ne dois pas accepter cette somme.

— Vous ne pouvez refuser ce que vous offre l'amitié, madame Burner, vous ne le pouvez pas.

— J'accepte donc, Franz, dit Mme Burner attendrie. Je vous charge de remercier vos généreux amis.

— A la bonne heure ! reprit le musicien tout joyeux. Cette somme vous permettra d'attendre que nous ayons trouvé quelques leçons à Emérance. Mais ce n'est pas tout : nous allons donner une matinée musicale dont le bénéfice sera consacré au rachat du piano de Stéphen. Dans un mois, il sera là, ajouta Franz en montrant la place que le meuble avait occupée.

— Ah ! Franz, mon ami, c'est trop, beaucoup trop !...

— Laissez-moi faire, madame Burner, je me suis fait votre ami pour ne point songer à vous.

— C'est une dette éternelle que nous contractons envers vous, Franz.

— Je vous demande, je ne désire qu'une chose : que vous et la petite soyez heureuses, madame Burner.

La soirée s'écoula. L'artiste quitta la veuve et sa fille très tard en avouant que jamais veillée ne lui avait paru aussi agréable.

Dès le lendemain, il se mit à la recherche des leçons de piano ; en un mois il en trouva deux.

Comme il l'avait annoncé à la veuve, le piano racheté fut remis à sa place.

Dès lors, Mme Burner envisagea l'avenir avec moins d'inquiétude. Assez bien payées, les leçons d'Emérance suffisaient au besoin du ménage ; elles purent donc conserver une bonne part du produit de la souscription. Cet argent ne tarda pas à leur être indispensable, car les vacances arrivées, les deux élèves d'Emérance se dispersèrent. Franz chercha d'autres leçons et n'en trouva point. Il fallait attendre le retour de l'hiver. Il revint, mais ne ramena pas les leçons avec lui ; les deux élèves prirent un autre maître.

Cependant les ressources de la veuve touchaient à leur fin. Franz, toujours infatigable quand il s'agissait de Mme Burner ou sa fille, courait chaque jour aux quatre coins de Paris, demandant des élèves partout et n'en rencontrant jamais. Plus d'une fois déjà il avait pris dans sa modeste bourse pour aider la pauvre veuve ; mais elle n'était pas inépuisable, et le moment approchait où Emérance et sa mère allaient se trouver, comme l'année précédente, face à face avec la misère.

Un matin, Franz arriva chez la veuve avec un visage tout rayonnant.

— Bonne nouvelle, bonne nouvelle ! s'écria-t-il en entrant.

— M'auriez-vous trouvé une élève, monsieur Franz, demanda Emérance.

— Une élève ! Mieux que cela, ma mignonne, bien mieux que cela !

— Qu'est-ce donc alors ?

Franz tira une lettre de sa poche et la présentant à Mme Burner :

— Lisez, lui dit-il.

II

UN TRIO D'AMIS

MONSIEUR Gousselet, après avoir dîné fort copieusement, s'assit devant un feu rouge et pétillant, posa ses pieds sur d'énormes chenets de fonte, plaça ses lunettes sur son nez, prit son journal, la feuille du département, et se mit à lire avec une attention scrupuleuse les nouvelles locales. M. Gousselet ne se rappelait pas d'avoir jamais lu autre chose depuis sa sortie de l'école, où il avait appris à lire, à écrire à peu près lisiblement et à faire une addition.

C'était un homme de cinquante ans environ, court de taille et large des épaules. Après ses repas, son énorme ventre, grossissant encore, prenait la rondeur d'une futaille. Un triple menton se suspendait majestueusement sous sa face rubiconde ornée d'un nez volumineux, rouge comme la crête d'un jeune coq. Ses petits yeux ronds brillaient derrière ses lunettes comme ceux d'un lézard. Sa tête, superbement parée, laissait voir à peine quelques cheveux gris. Fort riche, il était content de sa personne, et il riait souvent, même à propos de rien. Il était entêté, impérieux et fort avare. Croyant toujours bien faire, il ne reconnaissait aucune supériorité. Bon père et excellent mari, il adorait son fils et chérissait sa femme.

A l'époque où commence la série des événements que nous allons raconter, M. Gousselet était, depuis quatre ans, maire de Vimeux, une pauvre commune ayant à peine cinq cents habitants. Mais M. Gousselet était ambitieux : il voulait à tout prix obtenir la considération de ses supérieurs, et il avait rêvé de ne faire d'un seul village une petite ville. C'eût été pour lui un bonheur sans pareil s'il eût vu la population de Vimeux augmenter ; mais, hélas ! chaque année, au contraire, quelques-uns de ses administrés abandonnaient la commune pour aller s'installer dans les localités voisines. Le malheureux maire connaissait très bien la cause de ces émigrations, aussi se désespérait-il de ne pouvoir les empêcher. Vimeux n'offrait pas à ses habitants le quart des ressources qu'on trouvait dans plusieurs autres villages.

Vimeux était pauvre, et c'est pourquoi, au grand désespoir du maire, ses habitants le quittaient pour s'établir ailleurs.

Après avoir lu les nouvelles diverses, M. Gousselet plia délicatement son journal, afin de ne pas le froisser, ce qui aurait rendu indigne d'être collectionné, et se tourna lentement du côté de l'horloge enfermée dans une longue boîte rectangulaire.

— Huit heures et demie, et personne n'arrive ; ah, ah, ah, fit-il avec un énorme bâillement.

Il allongea les jambes, laissa aller sa lourde tête sur le dos du fauteuil et ferma béatement les yeux.

Il commençait à voyager en plein pays du sommeil, lorsque la porte s'ouvrit brusquement et livra passage à M. Saugerot, curé de Vimeux.

M. le curé avait quarante ans, la taille moyenne, le front étroit, les yeux verts renfoncés et clignotants, le nez très long et le menton pointu ; ses lèvres minces avaient l'habitude du sourire ironique. Rose et frais de visage, toute sa personne était dodue comme celle d'un moine gourmand du quinzième siècle. Il parlait avec tant de volubilité et bégayait si bien, qu'il fallait, pour le comprendre, savoir d'avance ce qu'il allait dire. Sans être érudit, il n'était cependant pas ignorant, car il avait lu beaucoup. Ambitieux comme M. Gousselet, il rêvait un canonicat et peut-être la mitre. Il se plaisait pourtant dans sa petite cure de Vimeux, car il était généralement aimé de ses paroissiens. Il adorait son chat, le jeu, la chasse aux alouettes et la table; il buvait crânement ses deux bouteilles de bourgogne à chaque repas.

— Enfin vous voici, dit le maire en tendant la main au curé. Il y a une grosse heure que je vous attends.
— Je ne suis pas en retard, papa Gousselet, puisque maître Mimard n'est pas encore arrivé.
— Pour un notaire, il n'est guère exact, reprit le maire; je meurs d'impatience.
— Je le comprends, dit le curé avec un malicieux sourire.
— Pardine! répliqua le maire, qui ne vit point la raillerie du prêtre, vous êtes intéressé comme moi dans cette affaire.
— C'est vrai, pourvu que notre espoir ne soit pas trompé.
— Impossible, monsieur le curé; Ducray ne peut avoir oublié la promesse qu'il nous a faite, ici, entre deux parties d'écarté.
— Qui sait? Les vieillards ont souvent des manies.
— Tout ce que vous voudrez, monsieur Saugerot, mais il est de toute justice qu'après nous avoir fait enrager pendant sa vie, Ducray nous fasse plaisir après sa mort.
— C'était une bonne compère, et je ne serais pas surpris s'il nous avait joué quelque mauvais tour.
— Diable, diable... vous avez peut-être raison, dit le maire. Pendant sa maladie, j'ai voulu lui parler de son testament, et il n'a pas eu l'air de me comprendre; il riait pourtant; oui, je l'ai vu sourire sournoisement.
— N'importe, ce mystérieux testament existe; bientôt nous en connaîtrons le contenu.
— Testament olographe, remis hier par Ducray, une heure avant sa mort, entre les mains de M. Mimard, pour être ouvert devant nous seulement. Vous conviendrez que cela est extrêmement étrange.
— J'en conviens, monsieur Gousselet; mais si j'ai mes orgues...
— Si j'ai ma pompe à incendie, répliqua le maire, comme s'il eût été l'écho du curé.
Le sourire ironique de M. Saugerot plissa ses lèvres.
— Je serais curieux de savoir pourquoi vous voulez une pompe, dit-il.
— Pourquoi, pourquoi; votre question est singulière, monsieur le curé: n'est-ce pas d'utilité publique?
— Vous en avez une.
— Une, oui, mais vieille et détraquée, bonne à mettre à la ferraille. Une commune comme la nôtre ne peut être privée d'une pompe à incendie, ajouta-t-il en se redressant avec orgueil.
M. Saugerot continua à sourire.
— Je ne me souviens pas, dit-il, avoir vu le feu à Vimeux une seule fois.
— Ni moi non plus, reprit le maire; mais ce n'est pas une raison. Supposez que demain un incendie éclate dans un village voisin, ne serait-ce pas une honte pour moi de ne pouvoir y porter secours? Avez-vous lu les nouvelles locales dans le journal d'hier?
— Non. Eh bien?
— Eh bien, le nom du maire de Lancourt y est cité en toutes lettres pour avoir éteint un incendie avec sa pompe, une pompe excellente, toute neuve. C'est flatteur, ça.
— Très flatteur, répondit le curé avec une gravité comique.
— Comme tant d'autres, continua le maire, je puis me distinguer et attirer sur moi l'attention du gouvernement. Alors, je serai reçu à la préfecture, j'inviterai les conseillers généraux et le préfet; oui, monsieur Saugerot, le préfet lui-même me fera l'honneur de manger à ma table.
— Et vous fera décorer.
— Comme vous le dites, monsieur le curé, dit le maire en jetant un regard significatif sur le parement de sa veste de droguet.
— Prenez garde au démon de l'orgueil, papa Gousselet, reprit M. Saugerot d'un ton railleur, ce que vous venez de dire ressemble beaucoup à de la vanité.
— Où vous voyez de la vanité, répliqua le maire froidement, il n'y a qu'une ambition légitime, louable et fort naturelle. Mais vous, pourquoi tenez-vous tant à avoir un orgue dans votre église?
— Afin d'attirer mes paroissiens dans la maison du Seigneur, monsieur Gousselet.
— Depuis que vous avez su me faire aller à la messe tous les dimanches, votre église est toujours pleine, car mes administrés suivent mon exemple. Votre orgue, mon cher monsieur Saugerot, n'augmentera pas le nombre de vos paroissiens.
— J'ai prié plusieurs fois en vain monseigneur de venir donner la confirmation à Vimeux; le curé du canton l'emporte toujours sur moi; mais si j'ai mes orgues, je suis persuadé qu'il viendra. Et puis, on ne sait pas ce qui peut arriver...
— Quoi donc?
— L'évêque peut me prendre en affection.
— Et, à la première place vacante à la cathédrale, vous créer chanoine, ajouta le maire avec bonhomie.
— Certainement. Ce n'est pas que je me déplaise à Vimeux; mais un canonicat...
— Ah! ah! je vous y prends! s'écria le maire avec un rire sonore. Prenez garde au démon de l'orgueil, monsieur le curé, ajouta-t-il, ce que vous venez de dire ressemble beaucoup à de la vanité.
M. Saugerot rougit un peu et pinça entre ses dents sa lèvre inférieure.
Le maire riait toujours, les mains appuyées sur son gros ventre.
En ce moment maître Mimard entra.
M. Gousselet reprit sa gravité et suivit l'exemple du curé qui s'était levé pour serrer la main du notaire.
M. Mimard avait trente-cinq ans. Au premier abord, son visage froid, presque sévère, inspirait peu la sympathie; mais il se l'attirait peu à peu par sa bienveillance habituelle. Il parlait peu et lentement. Avant de dire une phrase, il semblait analyser la valeur de chaque mot. Son regard vif et pénétrant paraissait toujours prêt à scruter la pensée des autres. Un admirable toupet de cheveux châtains couronnait son front large, intelligent. Hiver comme été, dans son étude ou hors de chez lui, il portait toujours le même habillement: redingote, pantalon, gilet noirs et cravate blanche. Dans les affaires, il était réglé comme un cadran solaire. Enfin, il aimait à rendre service et se montrait, dans toutes les circonstances, le défenseur de la justice.
Il s'assit gravement sur le siège que le maire lui présentait, déboutonna avec attention et silencieusement sa redingote et tira de sa poche un papier couvert d'une large enveloppe.
Le maire écarquilla les yeux et toussa. Le curé aspira une énorme pincée de tabac et gratta le bout de son nez.

III

COMMENT LA PERTE D'UN AMI PEUT ÊTRE UN MALHEUR AGRÉABLE

u bout d'un instant, maître Mimard se leva.
— Messieurs dit-il en traînant sur les mots, ceci est le testament de notre ami commun, M. Ducray. Aujourd'hui, à midi vingt-deux minutes, il a été ouvert, ainsi que le voulait la loi, par le président du tribunal, qui en a pris connaissance. Maintenant je vais vous le lire suivant la volonté du pauvre défunt.
Les deux auditeurs s'inclinèrent.
Le notaire sortit le testament de l'enveloppe et le déplia. Le maire et le curé, les yeux étincelants, s'élancèrent aux côtés du notaire. Mais celui-ci referma le testament et fit signe aux deux curieux de reprendre leur place. Ils se retirèrent confus.
— Je commence, messieurs, dit maître Mimard, voyant les deux hommes disposés à l'écouter:
« Moi, Hyacinthe-François Ducray, âgé de soixante-douze ans, deux mois et dix-huit jours, célibataire et rentier, demeurant à Vimeux, j'écris aujourd'hui mon testament.
« ARTICLE PREMIER. — Je lègue à la commune de Vimeux la somme de huit mille francs pour l'achat d'une pompe à incendie et les uniformes d'une compagnie de pompiers. »
— Pauvre ami, pourquoi est-il mort? dit le maire en se frottant les mains de plaisir.
— Pour vous donner votre pompe, répondit sèchement le curé.
— Je continue, reprit le notaire.
« ART. 2. — Je lègue à l'église de Vimeux la somme de quinze mille francs pour l'achat d'un orgue. »
— Oh! excellent cœur, fit M. Saugerot.
Et on l'entendit murmurer:
— Fiant aures tuæ intendentes, etc.
« ART. 3. — Ma volonté expresse est que la paroisse de Vimeux prenne pour organiste une jeune fille de seize à vingt ans au plus. Je constitue pour son traitement une rente annuelle de huit cents francs.
« ART. 4. — Je lègue à la première organiste de Vimeux la somme de quarante mille francs à condition qu'elle

épousera un jeune homme né dans le village. Sa dot lui sera comptée le jour même de son mariage.

« Art. 5. — Dans le cas où l'organiste garderait le célibat ou épouserait un homme étranger à la commune, la donation serait réservée pour sa remplaçante.

« Art. 6. — J'exige absolument que la teneur des articles 4 et 5 soit tenue secrète.

« Art. 7. — Je déclare annulés les articles de mon testament qui ne seront pas rigoureusement observés.

« Art. 8. — Je nomme maître Mimard, notaire à Vimeux, mon exécuteur testamentaire.

« Fait à Vimeux, jouissant de toutes mes facultés intellectuelles, le...
« H.-F. DUCRAY. »

Ayant achevé sa lecture, le notaire remit le testament dans sa poche, boutonna sa redingote et revint s'asseoir entre le maire et le curé ébahis. Tous deux, ne sachant comment exprimer leur joie, se regardaient la bouche et les yeux grands ouverts. Ils étaient comme pétrifiés.

M. Mimard les examinait l'un après l'autre avec un sérieux difficile à garder. Vingt autres à la place du flegmatique notaire auraient ri à se tenir les côtes.

M. Saugerot comprit le premier, en voyant la curieuse figure que faisait le maire, qu'ils devaient être fort drôles tous deux. Il s'empressa d'ouvrir sa tabatière, dans laquelle il plongea son pouce et son index.

— Enfin, dit-il après avoir rempli son nez, je vais donc avoir mes orgues.

— Je vais donc avoir ma pompe, fit le maire, qui, par paresse d'esprit, répétait souvent les phrases du curé en les appliquant à ce qu'il voulait dire.

— Messieurs, dit le notaire, vous avez entendu la lecture du testament, vous connaissez les dernières volontés de Ducray; il ne nous reste plus qu'à les exécuter scrupuleusement. Les différentes sommes dont il est fait mention dans ledit testament olographe sont en dépôt chez moi en espèces ou représentées par des titres. Je remettrai à vous, monsieur Saugerot, quinze mille francs, et à vous, monsieur Gousselet, huit mille francs.

— Lundi, je ferai le voyage de Mirecourt pour commander mon orgue, dit le curé.

— Demain, j'irai à la ville acheter ma pompe, dit le maire.

— N'oubliez pas, reprit le notaire, que la teneur des articles 4 et 5 du testament ne doit être connue que de nous trois.

— Singuliers articles, fit le maire. Qu'en pensez-vous, monsieur le curé?

— Mais je les trouve excellents pour mon organiste.

— Notre organiste, s'il vous plaît, monsieur le curé.

— Soit. Seulement, je ne comprends pas bien l'utilité du secret.

— C'est la volonté du testateur, dit le notaire.

— Quarante mille francs, mes amis, c'est fort joli, reprit M. Gousselet en faisant claquer sa langue contre son palais. Quel beau cadeau de noces!...

— Sans compter le traitement, huit cents francs par an, ajouta le curé.

— C'est bien là une idée de vieux garçon, dit le maire.

— Oh! il y a certainement dans cette clause singulière une intention cachée, reprit M. Saugerot. Qu'en dites-vous, Mimard?

— Peut-être, répondit le notaire, toujours impassible. Mais, qu'importe? Ducray a assuré le bonheur de deux jeunes gens.

— Le bonheur n'est pas dans la fortune, répliqua M. Saugerot.

— Elle donne au moins l'indépendance, monsieur le curé.

— Mimard a raison, dit le gros maire, la fortune, c'est tout.

M. Saugerot fit une grimace en entendant proférer un semblable blasphème.

M. Gousselet se mit à rire, croyant avoir dit une chose superbe. Le curé reprit:

— Le Maître a dit: « Ne vous attachez pas aux biens périssables de ce monde; amassez-vous des trésors dans le ciel, ceux-là ne craignent ni les voleurs, ni la rouille. »

— Oui, il y a cela dans l'Evangile, monsieur le curé. Ce sont de belles paroles, j'en conviens; mais croyez-vous qu'un pauvre diable, qui ignore la veille s'il pourra manger le lendemain saurait les comprendre?

— Pourquoi pas? pourquoi pas?

— Parce que promettre à manger dans l'autre monde à un malheureux qui jeûne en celui-ci, est une ironie cruelle. N'est-il pas vrai, Mimard?

— C'est mon avis.

— Matérialistes! murmura le curé.

Mais il n'osa pas hasarder une nouvelle citation.

— Mon cher monsieur Gousselet, reprit-il après un moment de silence, puisque vous allez demain à la ville, voudrez-vous vous charger d'une lettre?

— Comment donc! avec plaisir.

— Un professeur de musique du lycée est mon ami; je veux le prier de nous trouver une organiste.

— Une jeune fille âgée de moins de vingt ans, dit le notaire.

— Je ne l'avais pas oublié, monsieur Mimard, fit le curé avec un peu de dépit.

— C'est possible, répliqua le notaire; mais en veillant à ce que les clauses du testament soient rigoureusement suivies, je fais mon devoir.

— Pardine! elle ne sera pas difficile à trouver, dit M. Gousselet; huit cents francs par an et...

— C'est tout, interrompit le notaire; elle doit ignorer le legs qui la concerne.

— Quel homme intraitable vous êtes, Mimard! dit M. Saugerot.

— Je suis l'exécuteur testamentaire, répondit le notaire avec son flegme ordinaire.

« Pour quelle époque voulez-vous avoir votre organiste? demanda-t-il.

— Pour Pâques. C'est aujourd'hui le 6 février; mes orgues pourront être terminées et placées dans l'église pour ce grand jour.

— Oh! j'aurai ma pompe bien longtemps avant, dit M. Gousselet.

— Assurément, fit le notaire toujours très sérieux.

Le curé laissa courir sur ses lèvres un sourire ironique.

— C'est égal, Ducray va nous manquer pour faire notre partie le soir, reprit-il.

— C'est vrai, appuya M. Mimard.

— Nous le remplacerons, dit le maire.

— Par qui?

— Il y a l'instituteur.

Le curé fit une grimace et cligna des yeux.

— M. Saugerot n'approuve pas votre choix, dit le notaire.

— Ah! c'est juste. M. le curé et le maître d'école ne sont pas bien ensemble. N'y pensons plus.

— Bast! nous ferons la partie à trois.

— Il le faudra bien.

Les trois amis se séparèrent après s'être serré la main. Le notaire rentra chez lui en songeant au travail qu'il tracerait à son clerc le lendemain.

Le curé entendait déjà les orgues saluant l'entrée de l'évêque dans son église. Il quittait la commune de Vimeux pour se parer du camail de chanoine.

Cette nuit-là, le maire eut des songes fantastiques. Un village était en feu et sa pompe fonctionnait; il se montrait et l'incendie s'éteignait comme par enchantement. Le préfet venait dîner chez lui, à Vimeux, embrassait Mme Gousselet sur les deux joues, buvait sans façon du vieux vin réservé pour les grandes circonstances et lui donnait des petites tapes sur le ventre en l'appelant papa Gousselet. Il se trouvait à un bal de la préfecture et il dansait un pas d'été avec la femme du général. Un essaim de jeunes filles, coquettes et gracieuses, se balançaient autour de lui; puis, prenant la forme de sylphides, elles s'envolaient avec lui à travers des guirlandes de fleurs merveilleuses aux parfums inconnus. Pendant ce temps, Mme Gousselet l'appelait à grands cris et se plaignait de son abandon. Enfin le ruban rouge de la Légion d'honneur brillait à la boutonnière de sa grosse veste, et tous les habitants de Vimeux s'inclinaient devant lui.

Le lendemain, dès le matin, il fit atteler un cheval à son cabriolet et partit pour la ville, où il acheta sa pompe à incendie.

M. Saugerot fit, de son côté, le voyage de Mirecourt, la ville des luthiers, et s'entendit avec un des principaux fabricants pour la confection des orgues qui devaient bientôt retentir sous la voûte de sa petite église.

IV

COMME QUOI M. LE MAIRE GRONDA SON FILS ET BATTIT SON CHIEN

Un matin, l'abbé Saugerot, vint trouver M. Gousselet.

La figure du maire, vermillonnée plus encore que d'habitude, était toute réjouie.

— Je parie que vous n'êtes pas allé voir ma pompe, dit-il au curé.

— Le temps m'a encore manqué; je suis si occupé ces jours-ci.

— C'est ma foi vrai; j'oubliais que nous sommes dans la semaine sainte.

— Et puis j'ai dû chercher un logement convenable pour l'organiste.

— Ah! on a donc fini par en trouver une?
— Oui, mais jeune, bien jeune.
— Quel âge?
— Dix-sept ans.
— Dix-sept ans! mais c'est parfait; elle remplit admirablement la condition imposée par Ducray.
— Il est vrai qu'elle aura sa mère près d'elle, car vous comprenez qu'une enfant si jeune, seule...
— Eh bien, n'allons-nous pas devenir, vous et moi, ses protecteurs?...
— Sans doute.
— Alors, son logement est trouvé?
— Oui.
— Vous n'avez pas perdu de temps.
— Il le fallait: ses meubles arrivent demain dans la journée, et samedi soir elle-même sera ici.
— C'est fort bien. Et où demeurera-t-elle.
— Chez la veuve Mathié, à moins que vous n'y voyiez quelque empêchement.
— Du tout, du tout.
— C'est d'ailleurs la seule maison de Vimeux où il y ait deux chambres non occupées, propres et assez vastes. Mais vous n'êtes pas sans la connaître?
— Pardine! c'est moi qui ai donné l'idée à Mathié de les faire construire en élevant sa toiture. Notre musicienne sera là délicieusement, monsieur le curé.
— Et puis, elle n'aura qu'un pas à faire pour se rendre à l'église, ajouta M. Saugerot.
— Vos orgues, monsieur le curé, où en sont-elles?
— Ce soir tous les travaux seront terminés. Je viens précisément vous inviter à venir les entendre demain. Le facteur est assez bon musicien, il doit les essayer en présence de toute la population de Vimeux.
— Vous pouvez compter sur moi, monsieur le curé. A mon tour, je vous invite pour demain à assister à la manœuvre de ma pompe et de mes pompiers.
— A quelle heure?
— A dix heures précises.
— Dix heures! mais votre heure est justement la mienne.
— C'est fâcheux, dit le maire.
— Très fâcheux, reprit M. Saugerot, car la moitié des habitants sera près de la pompe.
— Eh mais, j'y compte bien, fit le maire.
— Cependant, mon cher Gousselet, je veux que tout le monde soit à l'église à dix heures. Je ne vois qu'un moyen d'arranger les choses.
— Lequel?
— Il faut changer votre heure.
— Y pensez-vous, monsieur le curé? Mes pompiers sont prévenus.
— Vous leur donnerez contre-ordre.
— Moi, le maire, donner un contre-ordre, jamais!
— Il le faut pourtant.
— Impossible, monsieur le curé.
— Voyons, papa Gousselet, vous ferez jouer votre pompe après-midi. Qu'est-ce que cela vous fait?
— A dix heures, pas une minute plus tard.
— Gousselet, changez votre heure.
— De par tous les diables, non!
— Monsieur le maire, dit M. Saugerot, piqué, vous êtes un entêté.
— Monsieur Saugerot, je suis le maire de Vimeux, dit M. Gousselet, qui essaya de prendre une pose magistrale.
— C'est bien, dit le curé devenu blême.
Il sortit en lançant au maire un regard furieux.
Le lendemain, la petite population de Vimeux s'agitait d'une façon tout à fait inaccoutumée. Les maisons étaient désertes et dans les rues on voyait courir les habitants endimanchés. Les uns se rendaient à l'église et les autres se dirigeaient du côté opposé, vers le lieu indiqué par le maire pour rendez-vous aux pompiers.
Un peu avant dix heures, la pompe arriva, traînée par quatre hommes aux bras robustes. Les autres pompiers, sur deux lignes, suivaient derrière au pas gymnastique.
M. Gousselet ne tarda pas à apparaître, appuyé sur un bâton de cornouiller. En raison de la circonstance, il avait cru devoir ceindre ses reins de l'écharpe tricolore, afin d'en imposer à l'assemblée d'abord, et ensuite pour se faire honneur à lui-même.
Les cris joyeux d'une trentaine de gamins avaient accueilli les pompiers; ceux-ci, à leur tour, saluèrent l'apparition de M. Gousselet en criant de toute la force de leurs poumons: « Vive monsieur le maire! »
M. Gousselet arrondit son ventre en se redressant, et, tout fier de son importance, salua de la main à droite, à gauche, devant et derrière.
Alors l'assistance devint silencieuse, à l'exception des gamins, qui, se poussant les uns sur les autres pour avancer plus près, roulaient jusque sous les jambes des pompiers en braillant comme des perdus.
Mais M. Gousselet était indulgent pour le quart d'heure; il laissa rouler et piailler la marmaille, puis profitant d'un moment de calme, il dit:
— Messieurs, depuis que je suis chargé de l'administration de la commune, vous devez tous me rendre cette justice que je n'ai rien négligé pour la rendre florissante et la mettre au niveau des plus importantes du département. Non seulement j'ai réparé tous vos chemins vicinaux, mon zèle a fait ouvrir deux nouvelles voies de communication de la plus grande utilité. Je vous ai forcés, dans votre intérêt bien entendu, à blanchir les façades de vos maisons. Après quelques procès-verbaux, la maraude a complètement disparu de la commune. Chaque année, vous récoltez une grande quantité de fruits, parce que j'ai soin de surveiller moi-même l'échenillage. Enfin, deux fois par an, accompagné d'un homme compétent, je fais la visite des cheminées du village. Mais malgré ces sages précautions, un incendie peut éclater tout à coup; c'est pourquoi, ne préoccupant toujours de l'intérêt public, la pompe que la commune attend depuis plus d'un siècle est aujourd'hui devant vous. Messieurs, j'ai pour le bien-être à venir de Vimeux beaucoup d'espérances qui se réaliseront. Continuez donc à m'accorder votre considération et à vous montrer, comme par le passé, obéissants et respectueux envers celui qui se dit avec satisfaction le maire de Vimeux.
Après ces paroles improvisées et bien senties, M. Gousselet s'arrêta pour souffler et s'essuyer le visage, car il suait à grosses gouttes. Cela fait, il se tourna vers le capitaine des pompiers et lui dit:
— Allons, capitaine, faites exécuter quelques mouvements à votre compagnie.
Le capitaine ouvrit de grands yeux et ne bougea pas plus qu'une borne.
— Vous ne m'avez pas entendu? cria M. Gousselet.
— Pardon, monsieur le maire, mais je n'ai pas compris.
— Je vous ai dit de faire exécuter quelques mouvements à votre compagnie.
Le pauvre capitaine, ne sachant que dire, continuait à garder son immobilité, droit comme un i et le poing sur la hanche.
— Comment, pour un ancien militaire, reprit M. Gousselet, en haussant les épaules, vous ne savez pas dire: Portez armes! Présentez armes!...
— Mais, monsieur le maire, hasarda le malheureux pompier, mes hommes n'ont pas d'armes: ils ne portent que des seaux.
— Ah! c'est juste, fit le maire. Eh bien, faites-leur former un carré.
— Pompiers, faites un carré! cria le capitaine d'une voix de tonnerre.
Aussitôt la compagnie, docile à la voix de son chef, se mit en mouvement. Les hommes se jetèrent les uns sur les autres, se heurtant, se bousculant, se marchant sur les pieds. Quelques coups de poing furent échangés dans la mêlée et plus d'un casque roula dans la poussière. Les spectateurs trépignaient, criaient, hurlaient, en se pâmant d'aise.
En ce moment même, une autre scène toute différente se passait dans l'église. Les orgues, animées sous les doigts du musicien, faisaient entendre leurs accords bruyants et harmonieux. Les auditeurs émerveillés pleuraient d'attendrissement, tandis Saugerot paraissait transfiguré et jouir, par avance, des huit béatitudes.
Or, un des chantres de la paroisse, grand bavard diseur de riens, voulant être, sans doute, le premier à parler du merveilleux effet produit par la musique sur les bonnes femmes de Vimeux, le chantre, disons-nous, sortit de l'église et s'en alla jusqu'à l'endroit où se carrait le premier magistrat du village. Avec un enthousiasme exalté, il raconta ce qu'il avait vu et entendu à l'église. En quelques secondes, ses paroles, volant de bouche en bouche, furent connues de tout le monde. La foule s'ébranla avec un ensemble parfait, et, en un clin d'œil, le maire se trouva seul avec ses pompiers et quatre ou cinq gamins qui ne pouvaient se rassasier de voir luire au soleil les beaux casques de cuivre.
Décidément, le maire et sa pompe n'étaient pas heureux; le curé et les orgues l'emportaient.
M. Gousselet, se voyant abandonné par son cortège, ordonna de ramener la machine et s'en retourna chez lui de fort mauvaise humeur. Il se mit sur son fauteuil pour faire un somme; mais un horrible cauchemar vint le tourmenter, si bien qu'à son réveil sa mauvaise humeur était changée en colère. Il avait rêvé que tous les gamins de Vimeux le poursuivaient de huées et de coups de sifflet. Quelques-uns, s'approchant audacieusement de lui, tiraient les basques de sa veste et lui pinçaient les mollets, pendant que M. Saugerot, monté sur le parapet qui entoure l'église, applaudissait des deux mains.
Dans la soirée, M. Gousselet rencontra le curé dans la rue; ils se saluèrent froidement, et, pour la première fois, passèrent sans se parler. M. Saugerot, malgré son triomphe, n'avait pas oublié l'obstination du maire, et celui-ci, blessé dans son amour-propre extrêmement susceptible, n'essayait pas d'étouffer la colère qui grondait en lui. S'il avait été abandonné et ridicule, il ne pouvait s'en prendre, selon lui, qu'à M. Saugerot. Le salut du curé, accompagné d'un sourire moqueur, venait encore de l'exaspérer davantage, car

il avait senti le rouge monter à son front. Il rentra chez lui, roulant toutes sortes de projets de vengeance dans sa tête.

Son souper n'étant pas encore prêt, il chercha querelle à la servante, qui s'enfuit prudemment à la cuisine. Mme Gousselet essuya quelques rudes apostrophes en allant donner à manger à ses poules. Mais l'orage grondait et ne pouvait manquer d'éclater. M. Léon Gousselet arriva à propos pour recevoir l'averse.

— Où étais-tu ce matin, à dix heures? lui demanda rudement son père.

— A l'église, répondit le jeune homme.

— A l'église, malheureux! Et tu oses l'avouer!... Je ne savais pas que j'avais un ennemi dans mon propre fils; non, je ne le savais pas. Ta place n'était-elle pas à côté de ton père? Réponds. A l'église!... Oh! Il ne manquait plus que cette dernière humiliation... Quand tu me regarderas avec de grands yeux hébétés, me verras-tu autrement que je ne suis? Va, j'ai dépensé des sommes folles pour te faire instruire, pour te rendre homme, et je n'ai réussi qu'à faire de toi un sot. Ote-toi de ma présence, va-t'en; je te renie pour mon fils.

Le jeune homme s'en alla, en effet, en haussant les épaules. Mais avant qu'il eût fermé la porte derrière lui, Lindor, le chien de chasse favori du maire, s'était précipité dans la chambre en bondissant de joie. Suivant son habitude, il essaya de toucher avec sa langue le menton de son maître; malheureusement pour lui, M. Gousselet n'était pas d'humeur à goûter ses familiarités inconvenantes; il lui envoya, au beau milieu du ventre, le plus splendide coup de pied qu'un chien eût jamais reçu. Ordinairement caressé, Lindor s'imagina que son maître venait de lui faire une caresse d'un nouveau genre, car il se coucha aussitôt sur son ventre et fit frétiller sa queue en signe de plaisir. Mais M. Gousselet ne vit qu'une bravade dans la soumission du chien; il s'empara d'une houssine et en cingla vigoureusement les côtes de l'animal. Forcé de comprendre qu'il était réellement battu, le pauvre Lindor se mit à pousser des cris féroces en tournant autour de la chambre. Il s'élança par la fenêtre et tomba sur le dos de Mme Gousselet, qui fit la culbute, avec sa corbeille remplie d'avoine, au milieu de ses volailles effarouchées.

Pendant ce temps, M. le maire, qu'on venait de servir, oubliait toutes ses contrariétés en se mettant à table.

Après le souper, il s'installa dans un fauteuil, le journal à la main; mais tant de pensées se heurtaient dans son cerveau qu'il ne songea point à lire les nouvelles diverses. Au bout d'une heure de réflexions pénibles, M. Gousselet jugea que le meilleur parti à prendre était d'aller se mettre au lit et de bien dormir, afin de ne plus penser à rien.

V

OU L'ON VOIT MAITRE MIMARD HASARDER UN SOURIRE

La bouderie du maire et du curé aurait pu se prolonger longtemps si le notaire n'avait eu le bon esprit d'intervenir. Le lendemain, il fit une visite à M. Saugerot et obtint de lui la promesse qu'il viendrait chez le maire le soir même. Du reste, M. Saugerot n'eut pas de peine à se rendre au désir du notaire: peu habitué à la solitude, il commençait à s'ennuyer passablement.

Les deux amis se réconcilièrent en se donnant une poignée de main. M. Gousselet en fut quitte pour un sermon assaisonné de trois ou quatre citations latines; il supporta le tout patiemment, car la démarche du curé avait satisfait son amour-propre.

Le samedi arriva. Les Vimeusains savaient tous que l'organiste et sa mère étaient attendues la veille de Pâques. Depuis quelques jours, la jeune fille était le sujet de toutes les conversations. L'arrivée de deux étrangères, venant de Paris surtout, n'était-elle pas un événement assez important pour mettre en émoi toutes les bonnes gens du pays?

Donc, le samedi soir, vers six heures, un rassemblement de curieux commença à se former dans la rue, à une petite distance de la maison où devaient descendre l'organiste et sa mère. On parlait avec de grands gestes et une animation extraordinaire. Parfois, une grosse plaisanterie, excitant la gaieté, faisait éclater de bruyants éclats de rire.

Au centre, pérorait avec un aplomb merveilleux un petit homme grêle, qui se faisait distinguer des autres par l'originalité de son langage, de ses manières et de son costume. On l'appelait M. Claviot, il touchait à la cinquantaine et ne s'était jamais marié, parce que, disait-il, une femme, quels que soient son esprit et sa beauté, ne mérite jamais qu'un homme lui sacrifie sa liberté. Ses cheveux étaient d'un blond carotte. Son dos, légèrement voûté, le forçait à marcher la tête penchée en avant. Son visage pâle, d'un ovale très allongé, ses lèvres minces et blanches et ses petits yeux dépourvus de cils, jaunes et méchants, donnaient à son masque quelque analogie avec le museau de la fouine. Il portait, comme les autres paysans, la casquette et la blouse de coton bleu; mais cette dernière, d'une coupe toute particulière, avait la prétention de ressembler, par la forme, à un paletot sans taille. M. Claviot avait été rapin dans sa jeunesse, et il se souvenait encore des farces, des bons mots et des malices des ateliers de Hersent et du baron Gros, qui avaient été ses maîtres à Paris; il s'en servait à l'occasion, et, plus d'un Vimeusain, parmi ses naïfs admirateurs, le proclamait un homme d'esprit. Dans son concours à l'École des beaux-arts il avait obtenu un second prix de Rome; c'était un joli début, et peut-être serait-il devenu un artiste distingué, s'il eût eu la foi dans son art et une véritable vocation. Mais il était revenu à Vimeux pour y vivre modestement de l'héritage de son père. Quant à ses loisirs, il les employait à chercher, pour tel et tel, des sobriquets bizarres et à apprendre aux jeunes gens à jouer des méchants tours.

— Ah! fit-il en s'interrompant au milieu de son discours, voici le père Pommier. Voulez-vous savoir les nouvelles du jour, les petites méchancetés qui se débitent le soir, au coin du feu, dans toutes les maisons du village? Voulez-vous connaître l'histoire de tous ceux qui sont morts à Vimeux depuis soixante ans et plus? Demandez, le père Pommier peut vous servir. Ce vieillard, que j'ai toujours vu coiffé d'un bonnet de coton noir et appuié sur un bâton son corps de quatre-vingts ans bientôt, vous représente la gazette du présent, le grand livre du passé. Chaque village possède son répandeur de nouvelles, c'est une honorable fonction, que le barbier se réservé toujours; mais, rassurez-vous, Vimeux ne fait pas exception à la règle: pendant quarante ans, le père Pommier a tenu les armes de Figaro. A voir sa figure rougeaude, pompeusement parée d'un nez tuberculeux, ne devine-t-on pas qu'il aime à caresser la bouteille et qu'il boit dur et longtemps?

Cette dernière phrase provoqua une hilarité générale. On riait encore lorsque le père Pommier s'arrêta près du groupe.

— J'ai deux mauvaises béquilles, dit-il, et pourtant elles ont marché encore trop vite, puisque le singe à tête rouge, que je vois là, vous faisait rire à mes dépens. Après tout, ne vous gênez pas, si vous voulez rire encore, nous rirons ensemble; mais vous ne verrez pas mes dents, car ma dernière est tombée ce matin.

— Dans combien de réputations avait-elle mordu, père Pommier? demanda méchamment le petit homme roux.

— Dans toutes celles que les tiennes avaient entamées, vilain rapin.

L'apparition du maire et du curé, se dirigeant vers la maison de la veuve Mathié, termina heureusement ce commencement de dispute.

— Le notaire ne doit pas être loin, dit un paysan d'un ton goguenard.

— En effet, le voilà, reprit un autre.

— Père, Fils et Saint-Esprit, dit M. Claviot en riant pour faire rire tout le monde: c'est une seconde trinité.

Le père Pommier causait aux uns et aux autres, quêtant des nouvelles à raconter le lendemain.

Tout à coup, le bruit d'une voiture roulant sur la route se fit entendre.

— C'est l'organiste, c'est l'organiste! cria-t-on de tous côtés.

C'était elle en effet. La voiture, traînée par un cheval vigoureux, tourna l'angle de la rue et vint s'arrêter devant la maison de la veuve. Une jeune fille sauta lestement à terre et aida une femme déjà âgée à descendre. Mais la nuit était venue; la curiosité des Vimeusains ne put être satisfaite; aucun ne vit la figure de l'organiste.

Les deux étrangères furent reçues chez la veuve par le maire et le notaire. Ce dernier, pour fêter leur arrivée, avait eu l'idée de faire les frais d'un fort joli souper. Mme Mathié eut donc l'honneur, ce soir-là, d'avoir à sa table les trois illustrations de Vimeux. M. Mimard l'avait priée, gracieusement, ainsi que son fils, de vouloir bien augmenter le nombre de ses convives.

Dans ces personnes, l'organiste et sa mère, nos lecteurs ont déjà reconnu, sans doute, Mme Burner et sa fille.

La lettre que le vieil artiste avait remise à la pauvre femme venait de lui être adressée par un de ses anciens camarades, professeur de musique dans une ville de province. Franz était prié de chercher une jeune fille âgée de seize à vingt ans qui, moyennant un traitement de huit cents francs, consentirait à venir habiter Vimeux en qualité d'organiste de cette paroisse.

On comprend que Franz songea immédiatement à sa

jeune amie. N'était-ce pas un bonheur inespéré qui arrivait aux deux femmes au milieu de leur détresse? Rien ne les retenant à Paris, Emérance accepta donc avec empressement la place qui venait s'offrir à elle.

Mme Burner s'occupa immédiatement les préparatifs du départ. Elle vendit une partie de son mobilier, et le produit de la vente, joint à une petite somme que Franz emprunta pour elle, se trouva suffisant pour fournir aux frais du voyage.

Emérance et sa mère quittèrent Paris le jeudi de la semaine sainte. Franz les accompagna jusqu'à la diligence.

— Soyez heureuses là-bas, leur dit-il. N'oubliez pas votre vieil ami, écrivez-lui quelquefois.

Il les embrassa à plusieurs reprises et pleura comme un enfant, lorsque la diligence s'éloigna rapidement, emportée par ses quatre chevaux.

Mlle Emérance Burner était une ravissante jeune fille. Sa beauté avait quelque chose de vaporeux, de poétique et surtout de pur; elle réalisait l'idéal de l'innocence. C'était Eve avant la pomme ou, dans la création de Gœthe, Marguerite avant la chute. Ses cheveux blonds, qui formaient de simples bandeaux, réunis par de larges boucles, étaient si fins, que l'air en soulevait les mèches soyeuses, découvrant les tempes, les oreilles, le cou, et révélant des merveilles de jeunesse et de fraîcheur. Ses yeux bleus avaient une expression rêveuse, c'était leur plus grand charme; on le subissait sans pouvoir l'expliquer. Sa bouche, légèrement ouverte et souriant toujours, ressemblait à une rose amoureuse des baisers du soleil. Ses traits, d'une délicatesse parfaite, montraient des détails charmants, comme le gonflement mobile des narines, les ombres de ses longs cils et les fossettes rieuses de ses joues. Grande, d'ailleurs, Emérance soutenait sa taille avec grâce; sa démarche était grave et sa voix d'une attrayante douceur. Il y avait en elle un mélange adorable de fierté timide et de dignité modeste.

Le souper chez la veuve Mathié fut gai et agréable, aussi agréable qu'il pouvait l'être un samedi saint, avec la présence du curé.

Emérance parla peu; elle cherchait peut-être à étudier le caractère des deux personnages dont elle allait dépendre; mais ses réponses furent faites avec tant de grâce qu'elles enchantèrent le maire et M. Saugerot. Sans pitié pour la jeune fille, dont le front rougissait à chaque compliment, ils ne lui ménagèrent pas les éloges.

Quant à M. Mimard, il possédait à merveille le secret de cacher ses impressions; il répondit deux fois oui et baissa trois fois la tête en signe d'assentiment aux questions du maire et du curé. Et ce fut tout. Il resta muet toute la soirée, se contentant d'observer la jeune fille et de la juger pour lui seul.

Le fils de la veuve Mathié, dont nous n'avons pas encore parlé, se nommait Adrien. C'était un beau garçon de vingt-quatre ans, grand, bien découpé, d'une physionomie ouverte et agréable. Il avait le regard brillant, de grands yeux expressifs, le front intelligent et le teint légèrement bronzé par le hâle, ce qui adoucissait la rudesse de ses traits et s'harmonisait parfaitement avec son épaisse chevelure noire. Tout en lui annonçait la jeunesse, la force et une santé florissante.

D'un naturel timide et même un peu sauvage, Adrien se sentait mal à l'aise en présence du maire et du curé; il n'osait point prendre part à la conversation, mais il se dédommagea de la gêne qu'il éprouvait en regardant Emérance à la dérobée, en l'admirant comme une merveille. L'éclatante beauté de la jeune fille le fascina à ce point qu'il ne sut plus se rendre compte des sensations diverses qu'il éprouvait. Une seule fois son regard rencontra celui d'Emérance; il fut ébloui. Ses yeux se voilèrent et ne distinguèrent plus les objets; ses oreilles bourdonnaient, son cœur avait cessé de battre, il ne pensait plus. Il ressentait comme les symptômes d'un commencement de folie.

M. Mimard, seul, s'aperçut du trouble du jeune homme; il l'examina avec attention et reporta ensuite son regard plein d'intérêt sur la jeune fille. L'organiste comprit sans doute l'interrogation de ce regard, car, troublée à son tour, elle baissa vivement les yeux.

Un sourire à peine visible courut sur les lèvres du notaire.

Il était neuf heures. M. Mimard se leva en avertissant les deux amis qu'il était temps de se retirer.

———o———

VI

COMMENT LA JOIE PEUT ÊTRE NUISIBLE A UNE TABATIÈRE

e lendemain, jour de Pâques, une centaine d'étrangers environ, mêlés aux Vimeusains, se pressaient dans l'intérieur et autour de l'église du village. Toutes les communes voisines de Vimeux étaient représentées. On était même venu de fort loin pour entendre les orgues et peut-être aussi dans l'espoir d'avoir à admirer le talent d'une véritable artiste.

Le portail de l'église avait été ouvert par ordre du curé, et près de deux cents personnes se tenaient devant, debout et serrées.

En voyant cette imposante assemblée de fidèles, M. Saugerot ne put contenir la joie qui le suffoquait. Ses narines se dilatèrent comme si son nez eût aspiré le fumet d'un mets délicat, ses yeux clignotèrent avec plus de rapidité et le cher homme, voulant prendre du tabac, laissa tomber sa tabatière d'argent, qui roula bruyamment sur le marchepied de l'autel, semant derrière elle tout son contenu de poudre à éternuer.

Très contrarié de sa maladresse, et voulant au moins dissimuler une partie de son embarras à ses paroissiens, en général très moqueurs, M. Saugerot se tourna à demi du côté d'un de ses servants pour lui dire de ramasser la boîte malencontreuse. Le gamin ouvrit de grands yeux et se jeta à plat ventre sur le marchepied pour chercher la tabatière qu'il ne voyait point, car elle s'était logée, la maladroite, dans un pli de la longue queue noire qui traînait sur les talons de M. le curé. Celui-ci se douta de la chose, donna du talon dans sa soutane et dénicha la boîte. Le servant avança la main pour la saisir juste au moment où le curé laissait retomber son pied, et il arriva que la main se trouvant prise sous la semelle du soulier, le gamin poussa un cri de douleur. Le curé effrayé s'empressa de lever son pied; mais en le posant de nouveau sur le parquetage, le talon s'appuya sur la malheureuse tabatière, qui fut écrasée.

L'émotion causée par cet accident aurait pu se prolonger longtemps parmi l'assistance, si l'organiste n'y eût fait diversion en apparaissant devant le clavier de l'orgue. Dès lors, l'attention générale fut captivée, et un silence admiratif régna dans l'intérieur de l'église.

Emérance portait une robe de foulard, à petits carreaux bleus, sous laquelle se dessinaient ses formes gracieuses. Un châle léger, à fleurs, couvrait ses épaules et se croisait sur sa poitrine, retenu par une épingle d'or. Elle était coiffée d'un chapeau de paille d'Italie orné de rubans bleus. Quoique d'une simplicité modeste, cet habillement était extrêmement coquet et de fort bon goût. Emérance n'ignorait pas, sans doute, que les couleurs bleues rehaussent encore la beauté des blondes.

Le prêtre entonna le *Gloria in excelsis*.

Aussitôt, les doigts de l'artiste se posèrent sur les touches, et les notes de l'instrument, rendues harmonieuses par les accords, s'égrenèrent lentes, douces, rapides ou terribles sur les têtes des assistants.

Adrien Mathié, adossé contre un pilier et caché à demi dans l'ombre, suivait d'un œil avide tous les mouvements de la jeune fille. Il était comme en extase devant elle. Toute la nuit, il avait cru voir la douce figure de l'organiste passer, souriante, devant lui, et la gracieuse vision ne lui avait pas laissé un instant pour dormir. Un amour envahisseur grandissait en lui, et il éprouvait un plaisir indicible à lui ouvrir son cœur. Emérance était devenue une idole.

A la sortie de la messe, la maison de la veuve Mathié fut prise d'assaut par une foule de curieux et d'admirateurs qui venaient complimenter la jeune artiste.

Emérance répondit à tous avec une réserve et une modestie charmantes.

Dès qu'elle se trouva délivrée des importuns, Adrien prit son courage à deux mains et s'approcha d'elle. Il n'avait pas encore osé lui adresser la parole, aussi était-il vivement ému.

— Vous m'avez rendu bien heureux aujourd'hui, mademoiselle, lui dit-il avec un tremblement dans la voix.

— Moi, monsieur Adrien, comment cela? demanda la jeune fille.

— Tout à l'heure, à l'église, en écoutant votre musique, je ne sais pas dire ce qui s'est passé en moi; j'étais ému, saisi, je pleurais. J'ignorais que le bonheur eût le pouvoir de faire pleurer un homme, aussi bien que la douleur.

Ces paroles, dites simplement, cet hommage naïf et sincère rendu à l'artiste, impressionnèrent vivement Emérance. Elle craignait que le jeune homme ne s'aperçût de son trouble, et elle lui dit en riant :

— Je vois maintenant, monsieur Adrien, que dans votre pays on est habitué à la flatterie et que tout le monde aime à s'en servir.

— Moi, mademoiselle, je ne m'en sers jamais.

— Ce que vous venez de me dire prouve cependant le contraire, répliqua l'organiste.

Le jeune homme fut un instant embarrassé.

— Je ne suis pas instruit, reprit-il, mais j'ai lu, je ne sais plus dans quel livre, que la flatterie est un mensonge de la conscience et l'exagération, souvent ridicule, du mérite et des qualités de celui qu'on loue. Si vous me comparez à la plupart de ceux qui sortent d'ici, continua-t-il avec tristesse, si vous ne croyez pas à la franchise et au respect profond qui ont dicté mes paroles, je vous ai offensée, et je vous prie de m'excuser.

Ce langage plein de dignité, dans la bouche d'un paysan, étonna singulièrement Emérance, mais ce qui lui causa une surprise non moins grande, c'est qu'en regardant le jeune homme avec plus d'attention, elle remarqua sa tenue modeste, non embarrassée et la distinction native de sa physionomie.

— Vous ne m'avez pas offensée, lui dit-elle avec son plus gracieux sourire, et si j'ai parlé de flatterie, c'est que j'ai trouvé ce que vous m'avez dit vraiment trop flatteur pour moi. Ne dois-je pas me tenir en garde contre tout ce qui peut m'inspirer de la vanité? Mais pour vous répondre avec une franchise égale à la vôtre, monsieur Adrien, je dois avouer que si je pouvais être fière de certains compliments, le vôtre passerait bien avant tous ceux que je viens d'écouter ici. Je regrette de vous avoir attristé un moment; mais j'espère que vous ne m'en garderez pas rancune.

— Moi, mademoiselle, vous en vouloir!... Est-ce que c'est possible? s'écria le jeune homme avec feu.

— Merci, dit la jeune fille c'est un tour adorable. Je préfère l'amitié à la haine, ajouta-t-elle en souriant.

— Mon dévouement vous est entièrement acquis, mademoiselle.

— Je l'accepte, monsieur Adrien. Nous arrivons, ma mère et moi, au milieu de personnes pour qui nous sommes des étrangères; nous rencontrerons certainement beaucoup d'indifférence, mais votre amitié, comme toutes celles qu'on nous offrira généreusement, nous sera toujours chère.

L'apparition du maire et de son fils mit fin à cette conversation. M. Gousselet venait chercher l'organiste et sa mère pour dîner.

Mme Burner, qui causait dans sa chambre avec la veuve Mathié, descendit aussitôt.

M. le maire lui offrit galamment son bras, en faisant signe à son fils de s'approcher d'Emérance et de l'imiter.

M. Gousselet parut si joyeux peut-être, si heureux, que cela causa une impression pénible à Adrien. C'était un avantage que le fils du maire prenait sur lui, un vol qu'il lui faisait.

— Oh! il l'aimera, lui aussi, murmura-t-il en les suivant des yeux.

Et un soupir douloureux souleva sa poitrine.

VII

OU IL EST PROUVÉ QUE L'AMOUR NE FAIT PAS FAIRE QUE DES FOLIES

Dans les huit jours qui suivirent leur arrivée à Vimeux, Emérance et sa mère, conseillées tantôt par le curé et tantôt par le maire, firent un nombre de visites assez considérable. Elles furent conviées à plusieurs repas. On les accueillit partout avec toutes sortes de démonstrations amicales, mais si souvent affectées, qu'il n'était guère possible de ne pas douter de leur sincérité. D'ailleurs, la fausseté est très commune à Vimeux; sous le masque de la bonhomie se cache admirablement la perfidie. La médisance est le passe-temps agréable des Vimeusains, qui ont aussi un faible pour la sœur aînée, la calomnie. Là, le veau d'or est adoré comme partout. Pour mériter l'estime et la considération des Vimeusains, il faut avant tout posséder de la terre.

Les relations forcées entre Mme Burner et la veuve Mathié, un peu froides dans les premiers temps, ne tardèrent pas à prendre le caractère d'une douce intimité. L'obligeance de cette dernière, l'intérêt véritable qu'elle témoignait à la mère et à la fille, et ses manières délicates en cherchant à leur être utile, lui méritèrent bien vite toute la confiance de Mme Burner, qui ne s'attendait pas à rencontrer chez une paysanne, l'instinct du savoir-vivre et une politesse sans importunité.

Dans les soins et les attentions dont la veuve Mathié entourait sa fille, Mme Burner reconnut son amour pour sa fille; cette remarque lui causa un plaisir extrême, car elle n'avait plus à craindre de voir son orgueil maternel incompris, s'il lui arrivait de le laisser éclater en présence de la mère d'Adrien.

Deux cœurs de mère, également dévoués et aimants, se devinent et se rapprochent toujours; les deux veuves ne purent bientôt plus se quitter. Elles passaient ensemble des journées entières se confiant mutuellement leurs joies et leurs espérances.

Un soir, Mme Burner fit le récit douloureux de tout ce qu'elle avait souffert depuis la mort de son mari.

— Vous avez été bien malheureuse, lui dit Mme Mathié. Toutes vos terreurs, toutes vos angoisses, je les comprends, car je vous aime autant que vous aimez votre fille. Vous avez souffert, affreusement souffert; mais les mauvais jours sont passés pour vous.

— Je l'espère. La douleur m'a brisée, de nouveaux chagrins me tueraient.

— Si vous vous plaisez à Vimeux, vous y vivrez tranquilles et heureuses.

— Il faudra bien nous y plaire, reprit Mme Burner en souriant.

— Pour un temps, Mlle Emérance est trop belle et trop distinguée pour passer sa vie dans un village.

— Le talent et la beauté honnête meurent souvent de faim à la ville. Emérance trouvera ici le repos. Je ne souhaite qu'une chose; c'est qu'on lui laisse sa place aussi longtemps qu'elle voudra la tenir.

— Ce n'est pas à Vimeux qu'elle trouvera à se marier.

— Ni à Vimeux ni ailleurs, madame Mathié; Emérance est trop pauvre.

— Pauvre! M. Gousselet ne dit-il pas que le talent de Mlle Emérance vaut une fortune?

— Oui, dans ses moments d'enthousiasme, alors que tout lui semble merveilleux; mais il ne le pense certainement pas.

— Je crois pouvoir vous certifier le contraire, madame Burner, et, si j'ai bien compris certaines paroles qui lui sont échappées en ma présence, il ne serait pas éloigné de songer à Mlle Emérance pour son fils. M. Gousselet est dans une position aisée et très enviable; mais, je trouve que votre fille est encore beaucoup au-dessus de son fils.

— Allons, dit Mme Burner en riant, aussi enthousiaste que M. le maire de Vimeux, vous exagérez comme lui. Vous mettez Emérance sur un piédestal où je n'oserais point la placer. Et pourtant, voyez-vous, une mère n'est pas ambitieuse à demi quand il s'agit de son enfant.

— Plus qu'aucune autre, vous avez le droit d'être ambitieuse, madame Burner. Toutes les mères n'ont pas le bonheur d'avoir une Emérance.

— Comme moi, vous êtes une heureuse mère, madame Mathié, vous n'avez rien à envier.

— Aujourd'hui, c'est vrai. Mais Adrien ne m'a pas toujours rendue heureuse, madame Burner.

— Est-ce possible?

— Oui, car pendant longtemps, j'ai douté de son affection pour moi. J'ai bien souffert aussi, Adrien m'a fait verser bien des larmes. Entraîné par quelques jeunes gens de son âge, et sans doute conseillé par eux, pendant quatre années, il ne m'appartint plus. Le jeu et ses amis me l'avaient pris tout entier. Une crainte, une crainte horrible me torturait sans cesse: j'avais peur de voir mon fils me prendre en haine, car je n'ai pas besoin de vous dire que je le blâmais hautement de sa conduite. Mais il est bon naturellement, et, grâce à Dieu, son cœur m'est revenu. Le soir, au lieu de rester près de moi, il m'abandonnait pour ne rentrer que fort tard dans la nuit et quelquefois le lendemain. Où allait-il? Rejoindre ses amis. Que de nuits j'ai passées à l'attendre dans un inquiétude mortelle!... Que de minutes j'ai ainsi comptées avec mes soupirs!... Pendant ce temps, oubliant sa mère et le devoir, Adrien jouait et buvait au cabaret. Ah! les cartes, les cartes!... Elles causent souvent de grands désordres dans les familles... Que d'argent péniblement amassé pendant une semaine est dépensé le dimanche en quelques heures!... Mais je n'ai jamais regretté les sommes dépensées par Adrien; pouvais-je songer à ce misérable argent, cause première des chagrins de mon fils, lorsque je le voyais rentrer à la maison pâle, les yeux mornes ou hagards, les jambes chancelantes, enfin complètement abruti par l'ivresse! Le malheureux! c'était un suicide lent, et il ne le voyait pas... Bien souvent, j'ai cherché à le faire rougir de ses excès; mais il n'eut jamais l'air de me comprendre. A tout ce que je pouvais lui dire, il me répondait que par un silence absolu. Devant mes larmes et mes sanglots, ses yeux restaient secs et son cœur insensible. Hélas! supplications et cris de douleurs, tout cela résonnaît à ses oreilles sans même l'émouvoir. Un jour, pourtant, oh! la chose ne s'est jamais renouvelée!... j'en serais morte, morte de désespoir et d'horreur, — il a osé lever la main sur moi...

— Il vous a frappée! s'écria Mme Burner avec douleur.

— Non, j'ai pu éviter le coup.

— Oh! c'est affreux! murmura la mère d'Emérance.

— Le malheureux n'avait plus sa raison, le vin l'avait rendu fou, reprit la veuve Mathié, voulant excuser l'action de son fils.

— Et après cette odieuse tentative, qu'a-t-il fait, qu'a-t-il dit? demanda Mme Burner.

— Il est parti, et je ne l'ai revu que deux jours après.

Mme Burner prit la main de la veuve Mathié et la serra dans les siennes en lui disant:

— Toutes mes souffrances ne sont rien auprès des vôtres; vous avez seule le droit de dire « J'ai été malheureuse. »

— Je le crois, dit la mère d'Adrien avec un doux sourire. Mais j'ai jeté un voile sur ce terrible passé, je veux l'oublier complètement. Depuis un mois, j'ai retrouvé mon fils, aussi bon, aussi affectueux qu'autrefois. Rien de avoir déserté de ma maison, le bonheur et la joie y sont rentrés. Hier soir Adrien m'a embrassée; il y avait bien longtemps que cela ne lui était arrivé.

« Chère et bonne mère, m'a-t-il dit, je vous ai fait cruellement souffrir, je me suis montré bien ingrat envers vous, pardonnez-moi.

« Je l'ai serré dans mes bras et je me suis mise à pleurer. Je crois bien qu'il pleurait aussi, car il m'a quittée, brusquement en cachant ses yeux sous sa main. Vous voyez, madame Burner, que je puis dire maintenant: « Je suis une heureuse mère. »

« J'ignore ce qui a pu amener Adrien à changer subitement sa manière de vivre et d'agir; mais je suis sûre qu'il est bien corrigé. Il n'entre plus au cabaret, et il passe toutes ses soirées dans sa chambre à lire et à étudier.

— Une réflexion tardive, suivie d'un repentir sincère, a produit sans doute cet heureux changement, dit Mme Burner. Maintenant, je vous veux répéter les paroles que vous me disiez tout à l'heure, en vous les adressant:

« Les mauvais jours sont passés pour vous. »

La veuve Mathié était loin de se douter qu'elle ne devait le changement inespéré de son fils qu'à l'heureuse influence de Mlle Burner.

L'amour est un de ces sentiments qui sont, pour certaines âmes le mobile des grandes choses et des belles actions; il élève à mesure qu'elles deviennent ses esclaves.

Adrien avait calculé la distance qui existait entre la jeune fille et lui sous le rapport de l'éducation. Il l'avait trouvée immense, mais non infranchissable. Quoiqu'il n'eût aucun espoir de se faire aimer, il avait cependant résolu de se rendre digne d'Emérance. L'instinct de l'amour lui fit comprendre qu'il y avait eu de honteux et de dégradant dans sa conduite passée, et plutôt que d'avoir à rougir une seule fois devant la jeune fille, il eût préféré la mort.

Chaque soir, au lieu d'aller perdre un temps précieux au rendez-vous de ses amis, il s'enfermait dans sa chambre et cherchait, dans ses livres, à compléter le commencement d'instruction qu'il avait reçu.

Chez l'homme aussi bien que chez la femme, la coquetterie est la compagne inséparable de l'amour. Adrien prit un soin minutieux de sa personne; il s'étudia à corriger ses manières et la trivialité de son langage. Le timbre de sa voix, un peu rude, s'adoucit singulièrement. Rien de tout cela ne pourrait avoir lieu chez certaines natures complètement abruptes, mais chez Adrien, le fond était excellent et ne demandait qu'à être cultivé.

Il voyait rarement Emérance: loin de chercher les occasions de la rencontrer, de causer avec elle, il la fuyait. Il lui suffisait, pour être heureux, d'entendre le piano chanter sous les doigts de la jeune fille, ou seulement de la savoir dans la maison. En sa présence, il était embarrassé et craintif, car le respect qu'il avait pour elle allait jusqu'à lui faire redouter qu'elle ne découvrît son amour. Et, pourtant, il aurait volontiers sacrifié la moitié de sa vie pour avoir le droit de lui dire: « Je vous aime. »

Emérance n'avait pas été sans remarquer la contrainte du jeune homme chaque fois qu'ils se trouvaient ensemble, et l'éloignement qu'il semblait avoir pour elle; mais, dans sa candeur d'enfant, pouvait-elle songer à attribuer l'étrange conduite d'Adrien à son véritable motif. Elle s'imagina qu'il la voyait avec déplaisir occuper une partie de la maison de sa mère.

« Il a bien vite changé à mon égard, se disait-elle; la sympathie qu'il m'a d'abord témoignée n'existe plus. Pourquoi? Lui avais-je demandé son amitié? Non. Il me l'avait de lui-même généreusement offerte. »

Et Emérance se mettait à rêver. Elle devenait triste.

Possédant cette ignorance adorable d'un cœur complètement vierge qui n'a rien appris encore, comment la jeune fille aurait-elle pu deviner l'amour d'Adrien? Elle ne savait point interpréter la vive rougeur qui colorait les joues du jeune paysan chaque fois qu'il la saluait, ni le tremblement de sa voix lorsqu'il lui adressait la parole. Une autre, moins naïve que Mlle Burner, à défaut des yeux d'autrui, aurait interrogé son cœur et Adrien eût été compris.

Cependant Emérance n'était pas seule à s'étonner. Aucun des amis d'Adrien ne voulut d'abord croire à sa conversion; mais au bout de quelques jours, il fallut se rendre à l'évidence. Le mécontentement fut unanime, et, tous, à l'envi, décochèrent contre le jeune homme les traits de leurs grosses plaisanteries.

— Je parie, disait l'un, qu'il veut avoir un jour son histoire dans la vie des saints.

— Et de se placer dans le calendrier à côté du bonhomme Adrien, son saint patron, disait un autre.

— Il a peur de sa maman, reprenait un autre, en imitant la voix d'un enfant.

— Le père Pommier, qui sait tout, m'a dit qu'il étudiait pour devenir un savant.

— Un savant! Pourquoi faire?

— Dites donc, vous autres, s'il veut entrer au séminaire...

— Adrien Mathié en soutane noire!... Bon Dieu! que ce serait drôle!

— Ma foi, je ris en criant d'avance: « Vive l'abbé Mathié! »

— Ecoutez: le père Pommier a remarqué qu'il assistait pieusement à tous les offices du dimanche.

— Plus de doute, M. le curé lui a tourné la tête en le bourrant de mots latins.

— Allons, à la santé d'Adrien Mathié le sage!

Et les verres, remplis jusqu'aux bords, se heurtaient avec bruit, soulevés par les mains des buveurs.

Parmi ces jeunes gens il en était un qui, plus calme que les autres et plus sincèrement l'ami d'Adrien, ne se laissait pas entraîner à toutes ces manifestations hostiles. Comme les autres, il avait été surpris du changement du jeune paysan; mais avant d'y trouver matière à railleries, il cherchait à en découvrir la véritable cause. Le jeune homme se nommait Antoine. Après avoir fait un congé, il était revenu depuis un an avec le grade de fourrier. Sa bonne tenue, son air imposant, sa parole facile, un peu d'instruction et des connaissances assez variées acquises en voyageant, lui donnaient une supériorité bien marquée sur la plupart des Vimeusains. Les jeunes gens avaient pour lui beaucoup de déférence, et il était généralement aimé et considéré, malgré son peu de fortune; mais, hâtons-nous de dire que le ruban rouge ornait sa boutonnière. M. Claviot et lui étaient les deux oracles du village. Lors de l'organisation de la compagnie des pompiers, nommé capitaine à l'unanimité, il avait immédiatement donné sa démission, disant que ses deux blessures, reçues en Afrique, l'empêchaient de répondre dignement à l'honneur qu'on venait de lui faire. Ce refus d'endosser le brillant uniforme de chef des pompiers avait vivement contrarié M. Gousselet.

L'ex-sous-officier avait trouvé dans Adrien Mathié ce qui manquait aux autres jeunes gens de Vimeux: du cœur, une grande franchise et même des idées. Un jour il lui avait dit:

— Notre village est grouillant d'imbéciles; parmi tous ces êtres glouglousants, je n'ai rencontré qu'un homme qui puisse me comprendre. C'est toi. Veux-tu être mon ami?

Adrien répondit en mettant la main dans celle que lui tendait Antoine.

Or, depuis un mois, ce dernier avait à peine entrevu Adrien une ou deux fois, et pourtant, il n'accusait pas encore son ami d'ingratitude. Il laissait les autres tourner l'absent en ridicule; mais lui, grave et silencieux, se disait:

L'amour s'est jeté sur Adrien comme sur un Bédouin. Le pauvre garçon s'est laissé prendre: l'organiste est si jolie!...

VIII

QUAND ON ÉCOUTE UNE ROMANCE

ÉMÉRANCE et sa mère occupaient leurs instants à coudre ou à broder. Quelques livres apportés de Paris servaient à distraire et à récréer Mme Burner. Quant à Emérance, elle ne pouvait éprouver ni fatigue, ni ennui en compagnie de son piano. Et puis, il ne se passait guère de jours sans qu'elle reçût une ou plusieurs visites. C'était d'abord M. Saugerot, qui, amoureux fou de la musique et du talent de son organiste, venait lui faire exécuter des valses entraînantes et passionnées et une légion de quadrilles brillants; puis M. le maire, qui se faisait presque toujours accompagner par son fils, M. Léon Gousselet. Deux fois par semaine, Mme Gousselet venait aussi passer deux ou trois heures près des dames Burner; elle ne parlait absolument que de son fils, et faisait sonner bien fort aux oreilles d'Emérance et de sa mère qu'il serait un jour le plus riche propriétaire de Vimeux.

Léon Gousselet, âgé de vingt-huit ans, commençant à prendre le ventre et l'allure de son père, avec une énorme tête collée entre ses épaules et sa figure bouffie, criblée de taches de rousseur, pouvait passer pour un garçon fort laid. Mais la laideur n'existe pas aux yeux d'une mère. A l'entendre, son Léon possédait toutes les qualités, toutes les perfections. Elle le répétait souvent à Mme Burner et à sa fille. Néanmoins elle n'était pas encore arrivée à les convaincre. Elle ne réussissait qu'à les fatiguer par son bavardage.

Quoique ayant passé huit ans au collège, courant après un diplôme de bachelier qu'il n'avait pu atteindre, Léon Gousselet n'avait pas une intelligence bien développée; il avait juste appris assez de latin pour traduire à son père les citations du curé. Le maire n'en demandait pas plus pour s'incliner devant le haut savoir de son héritier.

En présence de l'organiste, le peu d'esprit de M. Gousselet fils semblait paralysé; il prenait à peine part à la conversation. Était-ce la crainte de dire quelque sottise, ou manquait-il de hardiesse? Je l'ignore. En revanche, ses yeux occupaient très bien leurs loisirs en exécutant une pantomime assez expressive pour faire juger que son cœur parlait mieux que sa langue.

Malheureusement, l'organiste n'accordait pas beaucoup d'attention à l'éloquence de ce langage muet.

Mme Burner avait déjà écrit deux lettres à Franz. Les réponses ne s'étaient pas fait attendre.

« Je suis tout joyeux, disait le vieil artiste, d'apprendre que vous êtes là-bas aussi heureuses que vous le méritez, et que notre chère Emérance a été bien accueillie par tout le monde. Je savais d'avance qu'elle s'attirerait toutes les sympathies, car qui la connaît doit nécessairement l'aimer. Pour moi, la vie est toujours la même, à part certaines heures où je m'ennuie beaucoup, ce qui ne m'était pas encore arrivé. Mon cœur a besoin d'affection, et la vôtre me manque. Depuis que je ne vous vois plus chaque jour, il me semble que je vieillis très vite. J'ai peur de mourir avant de vous revoir, et c'est pourquoi je ne laisserai point finir l'année sans aller vous embrasser. Je commence à remplir ma petite bourse pour payer mon voyage. »

La dernière lettre était accompagnée d'un paquet contenant plusieurs morceaux de musique nouvelle pour piano demandés par Emérance et un choix de romances de nos meilleurs compositeurs dans ce genre gracieux.

L'organiste éprouva une très grande joie en recevant cet envoi, et, pendant quelque temps, elle consacra quelques heures de plus à son piano.

Un soir, assis près de sa petite table, Adrien tournait machinalement les feuillets d'un livre; mais depuis longtemps il avait perdu la page où s'était arrêtée sa lecture, et il ne songeait plus à la retrouver. Un bruit extérieur captivait son attention. Emérance exécutait la musique brillante d'un morceau de son nouveau répertoire. Tout à coup, et comme s'il cédait à une influence magnétique, Adrien tressaillit. La jeune artiste avait achevé son morceau et il saisit les premières mesures d'une romance. C'était la première fois qu'Adrien l'entendait chanter. Sa voix, pleine de douceur et de suavité, aux accents mélodieux, aux ondulations faciles, causa un désordre extraordinaire dans les idées du jeune homme. Il se leva, et, sans pouvoir se rendre compte de cette domination étrange qu'il subissait, il sortit de sa chambre et se dirigea lentement vers l'escalier qui conduisait à l'appartement des dames Burner.

Emérance chantait toujours. Elle était seule en ce moment; sa mère venait de descendre et causait avec Mme Mathié, assises toutes deux sur un banc de bois placé près de la porte. Adrien monta l'escalier, sans savoir ce qu'il faisait, et s'arrêta sur le seuil du petit salon dont la porte était ouverte. Emérance avait le dos tourné de son côté et ne pouvait l'apercevoir. Pour ne pas être incommodée par la chaleur, elle avait mis une robe d'étoffe légère assez décolletée pour laisser voir ses épaules demi-nues et la galbe admirable; les boucles de ses jolis cheveux s'étaient dénouées, et ceux-ci ondulaient capricieusement autour de son cou; enfin ses bras, d'un modelé parfait, étaient entièrement nus. Aucun de ces détails n'échappa à Adrien, qui, le cœur bondissant, la tête égarée, contemplait la jeune fille avec une sorte de délire. Il fit encore quelques pas en avant, de sorte qu'il se trouva tout près de la charmante chanteuse. Rien qu'en se baissant un peu, ses lèvres pouvaient toucher la peau satinée de deux épaules et d'un cou, marbre fait chair, dont il ne songeait guère à remarquer la finesse et la diaphanéité; il n'en avait ni la hardiesse, ni même la force; ses jambes fléchissantes comme celles d'un homme ivre ne supportaient plus qu'avec peine le poids de son corps. En ce moment il n'éprouvait ni joie, ni douleur; son être semblait anéanti, l'âme seule existait en lui.

Emérance chanta le dernier couplet que voici :

Je crains vos yeux, de leur beauté perfide,
N'en riez pas, j'ai souffert autrefois.
Et, maintenant, sous leur regard humide,
Je suis ému quand je vous vois parfois.
Si je suis gai, c'est pour vous une offense.
Suis-je chagrin, je deviens ennuyeux.
Près de fléchir sous leur toute-puissance,
Je crains vos yeux.

Les doigts légers de l'artiste coururent encore un instant sur le clavier et les dernières vibrations expirèrent.

— Encore! encore! s'écria le jeune homme éperdu en étendant ses bras vers elle.

La jeune fille poussa un petit cri en se retournant brusquement. Une charmante rougeur couvrit aussitôt ses joues et son front.

— Ah! monsieur Adrien, c'est vous, vous m'écoutiez! dit-elle d'une voix coupée par l'émotion.

Le jeune paysan balbutia quelques mots inintelligibles, se mit à genoux, et, emporté par l'exaltation d'une passion comprimée, s'empara des mains d'Emérance, qu'il couvrit de baisers brûlants.

— Monsieur Adrien... monsieur Adrien... que faites-vous?... s'écria l'organiste surprise et presque effrayée.

A ces paroles, le jeune homme revint à lui; il se releva interdit, honteux, jeta un regard plein de supplications sur Emérance comme pour lui dire : « Pardonnez-moi, je suis fou... » et il s'enfuit comme un coupable.

La jeune fille tomba plutôt qu'elle ne s'assit sur une chaise. L'émotion d'Adrien l'avait gagnée. Elle se demandait pourquoi il s'en était allé aussi brusquement; mais elle ne s'expliquait encore ni le motif qui l'avait amené, ni celui qui l'avait fait partir. Cependant, des sensations qui lui étaient tout à fait inconnues jetaient le trouble dans son cœur et la confusion dans ses idées.

— Qu'avait-il donc, mon Dieu?... se disait-elle. Pourquoi m'avoir quittée ainsi?... Lui ai-je dit quelque chose de blessant? Non, non. Comme son regard était triste... Oh! ce regard... je ne l'oublierai jamais.

Adrien rentra chez lui dans un désordre et une agitation fébrile impossible à rendre. Il s'assit près de son lit et roula sa tête en feu sous les couvertures. Des soupirs prolongés s'échappaient de sa poitrine haletante. Il sanglotait.

— Malheureux, qu'ai-je fait? s'écria-t-il. Oh! Emérance, Emérance... si vous saviez comme je vous aime!... Fou, fou que je suis, aurait-elle seulement pitié de moi? Non, et son mépris punirait mon audace. Que suis-je pour oser penser à elle, pour oser l'aimer? Un paysan grossier, sans éducation, rien. Je ne mérite pas même qu'un de ses regards s'abaisse jusqu'à moi, et pourtant, je le sens, je mourrais de bonheur si elle daignait me sourire.

Il se leva et se mit à marcher à grands pas dans sa chambre. Après quelques minutes de silence, il reprit :

— Que pense-t-elle de moi en ce moment? Je l'ai offensée, elle va me haïr, pour l'avoir mérité. Pourquoi n'ai-je pas su lui cacher toujours ce fatal amour? Pourquoi le sais-je?... Puis-je être seulement comment j'ai osé pénétrer chez elle... Ici, seul, dans l'ombre et le silence, je pouvais songer à elle, rêver mille folies sans craindre de lui déplaire. Maintenant, oserai-je la revoir, la regarder encore? Son regard seul, plein de mépris, me fera endurer mille tortures. Insensé, je m'étais fait un bonheur de l'admirer, et ce bonheur je l'ai perdu par ma faute!

Il ouvrit sa fenêtre et se pencha au dehors, offrant son front couvert de sueur aux caresses de la brise.

La fraîcheur de la nuit lui fit un peu de bien; au bout d'un instant, il se trouva plus calme. Son regard suivait distraitement le vol rapide des nuages, ou, quand la lune apparaissait, soudain, dans un coin bleu du ciel, il regardait les arbres en fleur blanchir et briller aux reflets de la lumière.

Mais, ni les nuages voyageurs, ni la lune laissant traîner jusqu'à terre sa chevelure rayonnante, n'occupaient sa pensée.

Il réfléchissait à l'existence désolée qu'il s'était faite, car il voyait son avenir du même œil que l'instant présent. Il arrivait à regretter d'avoir connu Emérance et à maudire le jour où elle était entrée à Vimeux; mais son cœur et son esprit se contredisaient sans cesse; il n'avait pas plus de fixité dans les idées que de tranquillité dans l'âme. Parfois, il souhaitait que l'organiste eût pris son logement dans une autre maison, et aussitôt il se sentait frissonner en songeant qu'elle pourrait dormir et être heu-

reuse sous un autre toit que celui de sa mère.
Les premières clartés de l'aube, chassant devant elles les ombres de la nuit, trouvèrent encore Adrien à sa fenêtre. Bientôt le soleil vint lui dire: « Lève-toi les champs attendent ton travail. »

IX

M. GOUSSELET DONNE A SON FILS UNE LEÇON DE GALANTERIE

Un matin, M. le maire de Vimeux vendit à un maquignon un cheval et une paire de bœufs. Quinze cents francs en belles pièces d'or luisantes furent comptées sur la table. D'abord M. Gousselet caressa voluptueusement du regard les quinze piles de cent francs dressées les unes contre les autres, puis il prit l'or à pleines mains et rassasia ses oreilles de son bruit métallique en le faisant couler entre ses doigts, rouler, sauter, bondir sur la table. M. Gousselet aimait l'or, mais autrement que ces vils Harpagons dont l'unique jouissance est de l'entasser pour le voir, improductif, vieillir avec eux. Il l'aimait, parce que, grâce à lui, il pouvait augmenter le nombre de ses propriétés. Le paysan ne comprend ni le rentier, ni l'industriel, ni l'homme riche qui place son argent soit dans le commerce, soit dans tout autre genre d'exploitation. Acquérir de la terre et toujours de la terre, voilà sa passion dominante.

« Allons, se dit M. Gousselet en comptant quatorze cents francs dans un sac de cuir noir et crasseux, voilà de quoi payer comptant, ainsi que c'est convenu, la portion de prairie qu'on est venu m'offrir l'autre jour. Quarante-quatre ares de pré, première qualité, pour quatorze cents francs, c'est d'un bon marché excessif; il faut que ces gens-là aient un besoin d'argent bien pressant. Restent cent francs. A quoi les emploierai-je bien? A acheter une robe à ma femme. Nos vieilles sont encore bonnes et à son âge on ne songe plus à la coquetterie; c'est bon pour une fillette. »

Et M. le maire se prit à rire, tout seul, comme un bienheureux.

« Léon n'a besoin de rien non plus, reprit-il; d'ailleurs, en fait de toilette, il a grand soin de ne se laisser manquer de rien. »

Le brave homme pressa son superbe abdomen sous ses deux mains et une idée, qu'on peut trouver incroyable, jaillit de son cerveau.

« Je donnerai un souper, un repas splendide et une soirée à laquelle on dansera comme à la préfecture, et cela en l'honneur de notre population. »

Pour un homme comme M. le maire de Vimeux, qui connaissait si bien ce que vaut l'argent, ou plutôt le mètre carré de terrain, une telle décision, qui devait entraîner une dépense assez considérable, ne pouvait guère être que le résultat d'un calcul. En effet, M. Gousselet s'était dit que, depuis que ses visites avaient été assez fréquentes à Mlle Burner, son fils n'avait pas encore essayé le moyen le plus vulgaire pour s'introduire dans le cœur de la jeune fille; il prévoyait que Léon restant muet, le cœur d'Émérance pourrait se tenir longtemps, peut-être toujours. Or, cela n'entrait pas dans les comptes de M. le maire, qui désirait ardemment faire palper à son fils son héritier la dot léguée à la jeune fille par son ami Ducray. N'était-ce pas une chose bien imaginée que de réunir les deux jeunes gens pendant toute une soirée et donner ainsi à son fils l'occasion de souffler à l'oreille de l'organiste quelques mots bien sentis accompagnés de soupirs à effets? Sans doute; mais il n'était pas impossible que M. Léon, inhabile à manier l'arc et les flèches de l'amour, ne profitât point de l'heureuse occasion. Cette pensée préoccupa longtemps l'esprit de M. Gousselet. Enfin, il pressa une seconde fois son gros ventre et trouva une nouvelle idée.

Il appela son fils de sa plus forte voix.
Mme Gousselet parut aussitôt.
— C'est Léon que j'ai appelé, madame Gousselet, dit le maire. Pourquoi n'avez-vous pas ouvert vos oreilles? J'ai cependant crié assez fort.
— J'ai très bien entendu, mon ami, répondit Mme Gousselet d'une voix câline; mais comme Léon est occupé, je suis venue...
— Si j'ai appelé mon fils, interrompit le bourru, c'est qu'il a besoin de lui et non de vous.
— Il viendra, mon ami, il viendra.
— Où est-il donc, pour ne pas entendre la voix de son père qui l'appelle?
— Eh bien, mon ami, une de mes poules veut couver... la grosse russe, tu sais?...

— Qu'est-ce que cela me fait, à moi?... Etes-vous folle, madame Gousselet, de me parler poule, quand je vous demande où est mon fils?
— Mais, mon ami, tu ne me laisses pas achever.
— Encore une fois, quel rapport y a-t-il entre Léon et une poule qui veut couver?
— C'est que je ne veux pas qu'elle couve, mon ami, c'est pour cela...
M. Gousselet asséna sur la table un coup de poing si terrible que sa femme en ressentit une commotion qui lui coupa la parole.
— Où est mon fils? où est mon fils? cria-t-il avec violence.
— Il baigne ma poule, pour lui ôter le désir de couver, répondit la pauvre femme tout émue.
— Quelle occupation! exclama M. Gousselet.
Puis s'adressant à sa femme:
— Allez lui dire, continua-t-il, que je veux lui parler à l'instant même.
— Oui, mon ami, j'y cours.
Et l'épouse docile de M. le maire s'en alla en trottinant. Léon ne se fit pas longtemps attendre.
— Vous désirez me parler, papa. Me voici.
— C'est bien, assieds-toi là, devant moi, dit le père sans cesser de regarder son fils. Comme je me retrouve bien en lui! pensa-t-il. Je n'étais pas mieux quand j'avais son âge; seulement, en amour, j'avais de l'action et lui n'en a pas.
M. Gousselet toussa, cracha, s'arrangea le plus commodément possible dans son fauteuil et reprit la parole:
— Sais-tu, Léon, que tu auras vingt-huit ans, quand je ferai couper mes seigles, c'est-à-dire dans deux mois?
— C'est vrai, papa.
— Un homme sans une femme n'est pas un être complet.
— C'est vrai, papa.
— Je suis ravi de te voir partager mon opinion. Ainsi, tu penses à te marier?
— Un peu, oui, papa.
— J'aurais préféré que tu me répondisses beaucoup, à chaque instant, le jour, la nuit, toujours. Mais n'importe, l'intention y est, cela suffit. Il me semble que lors de nos visites à l'organiste, tu la regardes d'un certain air, hein?...
M. Léon, embarrassé, se mit à frotter le creux de ses mains le long de ses cuisses.
— Ah! ah! ah! fit M. Gousselet en riant, il paraît que mes yeux y voient encore assez bien à travers mes lunettes. Donc, l'organiste te plaît?
— Je vous jure, papa, que je ne lui ai encore rien dit, répondit vivement le jeune homme.
— Je n'ai que faire de ton serment et je t'en tiens quitte. Mais tu te défends mal à propos d'une chose dont je serais content, car mon plus vif désir est d'avoir Mlle Burner pour belle-fille.
— Est-ce possible! s'écria le jeune homme ébahi en écarquillant les yeux.
— Très possible, mon fils.
— Pourtant, Mlle Burner est pauvre, et vous m'avez dit souvent...
— Je t'ai dit, interrompit M. Gousselet, ce qu'il convient à un père de dire à son fils pour son enseignement. L'organiste est pauvre, c'est vrai; mais sa beauté, son mérite et son esprit valent une belle dot... De quarante mille francs, ajouta-t-il mentalement.
Ce langage était si opposé aux idées de son père que Léon, foudroyé par la surprise, ne savait plus que penser et dire.
— Je vais donner un souper suivi d'une soirée dansante, reprit M. Gousselet. L'organiste sera la reine de la fête. Il est inutile de te dire que c'est une occasion précieuse que je t'offre de lui faire la cour; j'espère que tu sauras en profiter.
— Oui, oui, soyez tranquille.
— Voyons, que lui diras-tu?
— C'est que je... je lui dirai?
— Que tu l'aimes, parbleu!
— C'est juste; je lui dirai que je l'aime. Mais je n'oserai pas...
— Hein! Tu n'oseras pas!... dit M. Gousselet de sa grosse voix.
— Peut-être, j'ai dit, répliqua vivement Léon, qui craignait de voir une tempête éclater.
— Ton peut-être n'affirme rien. Il faut oser, voilà tout.
— Vous avez raison; mais l'on n'a pas toujours la hardiesse qu'on voudrait; bien souvent des paroles viennent du cœur et meurent sur les lèvres. Pourquoi? On ne sait rien. Mlle Burner me rend craintif comme un enfant menacé des verges; son regard seul m'impose un respect qui me ferait agenouiller devant elle.
— Eh bien, on se met à genoux, on parle et l'on a réussi sans vouloir oser. Ecoutez, monsieur mon fils, et retenez bien ce que je vais vous dire, c'est mon expérience de cinquante ans qui va parler. Sachez, — et que cela vous donne courage et hardiesse — que toute jolie femme est orgueilleuse de sa beauté et se laisse toujours prendre par l'amour-propre. Vingt fois par jour, son miroir lui répète: vous êtes charmante. Cela ne lui suffit pas: elle préfère

les fades compliments des hommes, car nous savons flatter, nous autres, et le miroir ne ment jamais. D'après cela, soyez convaincu, monsieur mon fils, que l'amour d'un jeune homme ne peut déplaire à une belle jeune fille, puisque c'est rendre à sa beauté un hommage éclatant et sincère. La femme demande à être admirée — ce qu'elle fait pour attirer les regards le prouve — et aime surtout à savoir qu'on l'admire; on ne peut donc l'offenser en le lui faisant voir. Elle saura toujours gré à un homme de la plus légère attention, d'une seule pensée dont elle est l'objet, du plus faible soupir poussé à son intention. En amour, mon fils, la timidité est une duperie; les femmes dédaignent presque toujours les craintifs ou les honteux qui ne savent que trembler et baisser les yeux devant elles. à elles seules doivent appartenir la timidité et la faiblesse: la hardiesse et la force sont les qualités de l'homme.

« Maintenant, Léon, si tu as bien compris la valeur de mes paroles, tu ne dois plus hésiter à déclarer ton amour à Mlle Burner. Son amour-propre et sa petite vanité seront satisfaits, sois-en persuadé d'avance.

— Et si elle ne m'aime pas?

— Tu te feras aimer. Il n'est pas une jeune fille qui ne rêve un mari futur; d'abord, il a la tête expressive ou un regard lumineux qu'on a entrevu ce ne sait où, ou seulement une voix entendue un jour, dans un songe, peut-être. Cet homme, ce mari rêvé, c'est l'inconnu qu'on attend, c'est la première réalité qui se présente. Le premier à moulin engrène, disons-nous souvent; je compare le cœur de l'organiste, resté libre jusqu'à ce jour, à une trémie; il faut y prendre la première place. L'amour est contagieux; il ressemble au feu qui communique le feu. Comme dit M. Saugerot, d'après l'Evangile: Frappe, et l'on t'ouvrira.

— Vous avez raison, papa, il faut parler; mais la difficulté est de savoir ce qu'on doit dire, car enfin on ne peut pas s'approcher d'une jeune fille pour lui dire brusquement: Je vous aime.

— Hé, hé, fit M. Gousselet, on peut réussir par ce moyen-là.

— Je ne dis pas non, mais...

— Mais, quoi?

— Je n'aurai jamais cette hardiesse.

Dans son impatience, M. Gousselet se mit à égratigner le bois de son fauteuil.

— Ah ça, s'écria-t-il, je voudrais bien savoir ce qu'on vous apprend au collège? J'ai dépensé douze mille francs pour faire de toi un savant, et j'en sais plus que tu n'en sauras jamais, moi, qui n'ai reçu d'autres leçons que celles d'un vieux magister, ivrogne et brutal, que mon père payait cinq ou six sous par mois.

— Au collège, papa, on n'apprend pas à faire des déclarations d'amour, hasarda M. Léon.

— On y doit tout apprendre, entendez-vous, monsieur mon fils? On ne donne pas douze mille francs pour faire un imbécile. Mais j'ai pitié de ton ignorance et je veux bien t'indiquer la manière de faire ta cour et d'instruire Mlle Burner de ton amour. Dans la soirée, tu auras plus d'une occasion de lui offrir ton bras et de causer avec elle. Tu lui parleras de Paris où elle est née, de la mode qu'elle adore et de sa toilette; un peu plus tard, après avoir dansé ensemble, par exemple, tu prendras une figure attristée, un air rêveur; une larme à l'œil ne ferait pas mal, un soupir bien éloquent serait également bon effet. Comme tu te garderas le silence, elle ne manquera pas de s'étonner et remarquera bien vite ta tristesse et ta préoccupation — ce sera le moment du soupir. — Elle t'interrogera avec intérêt. Tu répondras en hésitant que tu as un chagrin, que tu souffres — l'instant de la larme sera arrivé. — Tout ce qui prend un caractère mystérieux est un aimant qui attire les jeunes filles. La curiosité de l'organiste sera excitée; elle insistera pour savoir ta pensée, si déjà elle ne l'a devinée. Alors... tu pourras lui dire tout ce qui du cœur te montera à tes lèvres. M'as-tu bien compris?

— Parfaitement. Je n'aurai garde d'oublier un seul de vos conseils.

— A la bonne heure; je commence à être content de toi.

— Je me sens tout autre maintenant, dit Léon en prenant un petit air de don Juan; que j'étais donc enfant de craindre de parler à Mlle Burner!... En vérité, il n'est pas plus difficile de dire à une jeune fille qu'on l'aime que de boire un verre de vin.

— Ah! séducteur!... fit M. Gousselet en riant.

Et, tout gonflé d'orgueil paternel, il lui donna deux petites tapes, en signe de satisfaction, sur les grosses joues vermillonnées de son cher héritier.

Le soir même, Mme Gousselet, instruite des projets de son mari, fixa le jour de la soirée, et M. Léon écrivit sous la dictée de son père les noms des personnes à inviter. On en trouva difficilement une trentaine, tant à Vimeux que dans les vilages circonvoisins.

X

OU M. GOUSSELET COMPREND QU'IL N'A PLUS SES JAMBES DE VINGT-CINQ ANS

ADRIEN Mathié avait eu le bonheur de s'apercevoir que son audacieuse visite à Mlle Burner n'avait pas été considérée comme une offense par la jeune fille, car, avec le même sourire et quelque chose de plus affable encore que d'habitude, ce fut elle qui, la première, lui adressa la parole. Mais Adrien n'était pas assez présomptueux pour supposer un seul instant que Mlle Burner, l'ayant compris, cherchait à encourager son amour. Il crut, simplement, qu'elle lui accordait généreusement le pardon qu'il lui avait demandé.

En une nuit, Emérance avait découvert bien des choses cachées en elle. Elle avait interrogé longuement son cœur, et, pour la première fois son cœur avait parlé. Le verbe aimer venait de lui être révélé, et elle conjugua bientôt l'indicatif: il m'aime, je l'aime. L'amour est, en vérité, un sentiment bien étrange, bien égoïste: Emérance constata, avec effroi, qu'Adrien occupait toutes ses pensées et s'était déjà emparé de son cœur, prenant la plus large place, et dominant même son affection pour sa mère.

Voilà ce qu'Adrien aurait bien voulu savoir; mais il ne pouvait le deviner, il n'osait pas l'espérer non plus. Il était si bien persuadé de l'impossibilité de se faire aimer ou tellement aveuglé par la force même de son amour, qu'il ne remarqua point que l'organiste ne rentrait jamais dans sa chambre, le soir, que lorsque lui-même s'était enfermée dans la sienne. Devenu plus craintif, plus sauvage encore, Emérance avait évidemment le désir de l'approuver. Le matin, levée aussitôt que lui, avec le soleil, la tête à la croisée, elle le voyait partir aux champs; le soir elle guettait son retour. Puis, quand sa mère descendait pour causer avec la veuve Mathié, elle descendait aussi pour voir Adrien. Ils se disaient bonsoir et c'était tout. Le jeune homme s'enfuyait pour rêver dans sa chambre. Emérance remontait pour s'attrister. Elle restait assise des heures entières devant son piano sans songer à en tirer un son. M. Saugerot se plaignait que son organiste ne lui jouait plus que des morceaux mélancoliques.

Un soir Emérance dit à la veuve Mathié:

— M. Adrien n'aime guère la conversation des femmes, car il ne s'arrête jamais ni pour écouter, ni pour y prendre part.

— Il n'est pas grand parleur, répondit la veuve, et puis je crois qu'il a peur de vous.

— Peur de moi! s'écria Emérance en feignant la surprise. Mais je ne veux épouvanter personne, madame Mathié; il faut que je prouve à votre fils qu'une petite musicienne n'est pas du tout à craindre. Soyez donc assez bonne pour lui dire de venir s'asseoir près de nous; j'ai d'ailleurs quelque chose à lui demander.

La veuve Mathié alla chercher son fils, et revint avec lui presque aussitôt.

— Vous désirez me parler, mademoiselle, dit Adrien d'une voix un peu tremblante; serai-je assez heureux pour pouvoir vous être agréable?

— Oui, monsieur, en vous asseyant près de nous, d'abord, si pourtant cela ne vous contrarie pas trop.

Adrien pensa qu'il serait plus à son aise dans sa chambre, néanmoins il s'assit près de sa mère, d'assez bonne grâce.

— Nous n'avons encore fait, ma mère et moi, que de courtes promenades aux alentours du village, répondit Emérance. On dit qu'il y a des endroits très jolis, des sites charmants et pittoresques à visiter, les promenades de la sapinière, par exemple ainsi que les roches boisées.

— Et la chute d'eau de l'aqueduc romain, ajouta Adrien.

— Est-ce que vous ne voudriez pas, un de ces jours, nous servir de guide et nous conduire à la sapinière, aux roches et à l'aqueduc?

— Je suis à vos ordres, mademoiselle, comme à ceux de Mme Burner. Quel jour désirez-vous faire cette promenade?

— C'est aujourd'hui mardi. Eh bien, nous attendrons à dimanche, après les vêpres; ce jour-là, vos travaux souffriront moins de notre plaisir.

En ce moment, Mme Gousselet entra.

— Je viens, dit-elle, mademoiselle et madame Burner, vous inviter à souper, pour après-demain, jeudi. Nous serons trente et quelques personnes. On dansera après le repas; il y aura deux violons. C'est en l'honneur de mademoiselle que mon mari donne cette fête de famille; oh! il tient absolument à lui être agréable. Léon se réjouit d'avance de faire danser notre chère Emérance. Venez de bonne heure, à cinq heures, par exemple; on soupe à sept, nous aurons le temps de causer un peu, car une fois tout le monde arrivé, vous comprenez que je ne m'appartiendrai plus.

— Tout ce qui se fait chez M. Gousselet est donc en l'honneur de Mlle Burner? pensa Adrien, qui avait froncé deux ou trois fois les sourcils en écoutant Mme Gousselet. Et M. Léon qui se réjouit d'avance de danser avec notre chère Emérance... Qu'est-ce que cela veut dire? Est-ce que... Cela est impossible, car je connais M. le maire: il ne permettra jamais à son fils d'aimer l'organiste, qui n'a pas un sou de dot.

Pauvre Adrien! comme il se trompait!...

Le jeudi soir, à sept heures précises, les invités de M. le maire étaient tous réunis dans une pièce ouvrant sur la salle à manger. A part l'organiste et sa mère, maître Olimard et l'abbé Saugerot, c'était une variété de physionomies insignifiantes et plus ou moins grotesques, qu'on chercherait en vain dans l'œuvre de nos meilleurs caricaturistes. Le crayon de Cham, Philippen ou Daumier, se fût brisé en traçant ces profils étranges, capables de faire rire un agonisant. Les costumes, du reste, ne le cédaient en rien aux physionomies; ils ajoutaient le ridicule au grotesque et complétaient les caricatures. Les blouses, en toile de coton bleu, ornées de piqûres en fil blanc et rouge, et les chapeaux de gros feutre, bas de forme, étaient en majorité. Les quelques habits de noce, tirés des armoires pour faire honneur à M. Gousselet, portaient leur âge dans leur coupe saugrenue et le disaient mieux encore par la couleur du drap vert de Prusse, café au lait, ardoise ou bleu-ciel. Les hommes étaient tous chaussés de gros souliers ferrés noircis avec du noir de fumée détrempé à l'huile. Les femmes, plus coquettes, portaient des escarpins cirés, attachés à leurs pieds avec de longs rubans de soie noire, qui s'enroulaient sur leurs bas blancs jusqu'à la naissance du mollet. Il y avait quelques robes de soie gorge de pigeon et orange; mais toutes des dames portaient une profusion de vraie dentelle de Lorraine, et sur chaque poitrine s'étalait orgueilleusement une énorme chaîne d'or.

En revanche, l'absence des gants était générale. Il est vrai que les mains se trouvaient suffisamment parées avec les nombreux anneaux qui brillaient aux doigts. D'ailleurs, on ne porte pas des bijoux pour les cacher.

Tous ces gens, parlant d'eux et de leur fortune, se vantaient à faire plaisir. Les femmes labouraient à coups d'ongles leurs bonnes amies absentes, qui, du reste, ne se privaient pas d'en faire autant à l'occasion.

La porte de la salle à manger s'ouvrit. M. Gousselet offrit sa main à Mme Burner et tous les invités se ruèrent autour de la table en gens affamés, qui ont compté sur un bon repas et se sont préparés dès la veille à manger tout leur soûl. On aurait dit d'une meute à la curée.

Avec les nombreux plats servis sur la table, soixante personnes auraient pu se nourrir très bien pendant deux jours. Mais presque toujours la quantité exclut la qualité; n'importe, la plupart des convives ne perdirent pas un instant, ni une bouchée. La cave de M. le maire ne fut pas ménagée non plus; les bouteilles du vieux vin, si précieusement conservé, se vidèrent avec une rapidité désespérante.

M. Gousselet, pour donner l'exemple, faisait pourtant de fréquentes visites à la carafe; mais ses convives s'empressaient de ne pas l'imiter. Cela amenait l'ironie aux lèvres de M. Saugerot et faisait pâlir Mme Gousselet, qui, depuis la quinzième bouteille, comptait avec anxiété toutes celles qui ne faisaient que paraître et disparaître, après avoir rempli les verres.

Enfin, le souper se termina, et à l'exception de quatre ou cinq buveurs entêtés, qui s'étaient emparés des dernières bouteilles, tout le monde se leva de table. Il y eut un moment de désordre causé par les titubations d'un certain nombre de convives; mais les jambes se raffermirent peu à peu et les corps reprirent leur équilibre.

L'arrivée des violons mit tout le monde en gaîté. Une lampe, en fer battu, suspendue à une poutre et deux chandelles placées sur la cheminée, illuminèrent splendidement la pièce voisine de la salle à manger arrangée pour le bal.

Les musiciens étaient d'affreux racleurs n'ayant jamais su ce qu'une note ou un octave et qui avaient appris par routine un peu de musique de danse qu'ils dénaturaient, les misérables, sans pitié pour les oreilles, en faisant sauter les filles et les garçons à toutes les fêtes des environs.

Emérance dansa le premier quadrille avec M. Léon Gousselet, puis elle prit le prétexte d'une grande lassitude pour ne point condamner ses jambes à une cadence impossible. Un peu plus tard, son cavalier, qui se souvenait de la leçon de son père, mais qui n'avait pas encore su la mettre à profit, essaya de la ramener à un nouveau quadrille.

— Voyez, mademoiselle, tout le monde danse, lui dit-il; faites un petit effort, laissez-vous tenter.

— Vraiment, monsieur, je suis très fatiguée, répondit Emérance.

Elle aurait pu ajouter: Et très agacée par cette horrible musique.

— Eh bien, mademoiselle, plus qu'un quadrille, un seul, insista le jeune homme.

— Je ne veux pas que vous puissiez m'accuser de mauvaise volonté, reprit Emérance. Pour vous être agréable, je vous accorderai une valse.

— Que je suis malheureux, s'écria piteusement le fils du maire.

— Pourquoi donc? demanda la jeune fille.

— Je ne sais pas valser.

— Oh! cela ne vous rende pas malheureux, dit la jeune fille en riant; nous ne valserons pas, voilà tout.

— Vous ne serez certes pas privée d'un plaisir que vous aimez, dit M. Gousselet qui, placé près des jeunes gens, n'avait pas perdu un mot de leur conversation. Si vous le voulez bien, c'est moi qui vous ferai valser.

Emérance regarda M. le maire de Vimeux en se demandant si un aussi gros homme pourrait seulement faire un demi-tour sur lui-même.

— J'étais un valseur de premier ordre dans ma jeunesse, continua M. Gousselet. N'est-ce pas, ma bonne? reprit-il en interpellant sa femme.

— De quoi s'agit-il, mon ami?

— Je disais à mademoiselle qu'autrefois je valsais très bien.

— Comme un ange, mon ami; je m'en souviens parfaitement. Aux fêtes du village, on faisait cercle autour de toi pour t'admirer. Combien de fois j'ai regretté de ne pas savoir la valse! car j'étais jalouse, très jalouse quand je te voyais serrer contre toi une valseuse en entourant sa taille de ton bras.

Le gros homme se mit à rire avec un petit air fat d'un effet singulier.

Le quadrille était terminé.

— Une valse! cria M. Gousselet aux musiciens.

Et il offrit sa main à l'organiste.

Tout le monde se rangea pour leur laisser l'espace libre. M. Gousselet prit dans sa large main la taille svelte de la jeune fille et la valse commença.

— Oh! oh! fit M. Gousselet au bout d'un instant.

Il soufflait avec un bruit de vent d'orage; la sueur commençait à ruisseler sur son front; son visage rouge prenait des teintes violettes.

— Arrêtons-nous, monsieur, lui dit Emérance, qui sentait le poids de son corps peser sur elle.

— Non, non, fit M. Gousselet en entraînant la jeune fille dans un tournoiement plus rapide.

Tout à coup, la respiration lui manqua, ses jambes se dérobèrent sous lui. Emérance lui échappa et il tomba comme une masse de plomb sur le parquet.

— Mon Dieu, mon mari est mort!... exclama Mme Gousselet.

Et elle se mit à pousser des cris effroyables.

Cependant on s'empressait de relever M. Gousselet ce qui ne fut pas un mince travail, car pour y arriver, il ne fallut pas moins de cinq hommes des plus robustes. La chute éteint, M. Gousselet retrouva son gros rire, pour rassurer ses amis alarmés.

— Je viens de valser pour la dernière fois, dit-il; je ne suis plus qu'une vieille mazette. Pourtant, dans ma jeunesse... Après tout, on ne peut pas être et avoir été, ajouta-t-il pour sa propre consolation.

XI

MAITRE MIMARD DEVIENT SENTENCIEUX ET ÉNIGMATIQUE

MÉRANCE n'était pas encore revenue de son saisissement, lorsque M. Léon, obéissant à un signe de son père, vint la prier de prendre son bras. Songeant à la petite scène de comédie qu'il devait jouer, le jeune homme avait pris une figure à la don Quichotte; mais l'organiste, ne voyant qu'une chose fort naturelle, après l'accident arrivé, trompa l'attente de M. Léon, en ne témoignant ni surprise, ni curiosité. N'y avait-il pas de quoi désorienter notre amoureux?

La maison habitée par M. le maire de Vimeux était assise entre un magnifique jardin fruitier, arrosé par la rivière dont nous avons parlé, et une petite cour entourée d'un mur à hauteur d'appui. A l'un des angles de cette cour, s'élevait un noyer gigantesque abritant, sous ses branchages feuillus, un hangar ouvert à tous les vents, où M. Gousselet plaçait, chaque année, son bois de chauffage. Devant une partie de la maison, on avait construit un perron, formant terrasse, orné d'une superbe balustrade de fer forgé, qu'on aurait crue dorée en voyant sa peinture jaune briller au soleil. Deux portes de la maison, dont l'une vitrée, ouvraient de plain-pied sur la terrasse, où Mme Gousselet cultivait, dans des caisses, une assez belle variété de fleurs.

C'est sur la terrasse, au milieu des rosiers, des géraniums, des boutons d'or, des giroflées et des lauriers, qui mêlaient leurs parfums aux mystères de la nuit, faiblement éclairée par un demi-clair de lune, que le fils du maire amena Emérance. La jeune fille s'appuya sur la balustrade, et, regardant le ciel obscurci par les légères vapeurs blanchâtres, aspira délicieusement quelques bouffées d'une brise nocturne, embaumée. Mais ni elle ni son compagnon ne virent une ombre se glisser le long du perron, puis disparaître, dans l'obscurité, sous les branches pendantes du vieux noyer.

Emérance pensait :
— Les Gousselet sont d'excellentes gens; leurs attentions pour ma mère et moi sont charmantes et tout à fait affectueuses, et pourtant elles me fatiguent; le bruit m'ennuie; je voudrais toujours le silence et l'isolement.

M. Léon se disait :
— J'ai suivi exactement le conseil de mon père; je suis triste sans avoir besoin de feindre la tristesse; mais Mlle Burner ne daigne pas s'en apercevoir.
— Voilà une belle nuit! s'écria tout à coup Emérance.
— Tout semble beau à ceux qui ne souffrent pas, dit le jeune homme.
— Il y a toutes sortes de souffrances, reprit la jeune fille; les unes appartiennent au corps, les autres, les plus cruelles souvent, sont celles de l'âme.
— Et du cœur, ajouta la jeune homme avec un soupir.
— Vous souffrez donc aussi, monsieur Léon?
— Hélas!... et la guérison ne vient pas!...
— Vous n'êtes pas le seul à l'attendre, dit l'organiste, dont la pensée s'égara dans une subite rêverie.
— Elle viendrait vite si vous étiez mon médecin, reprit le jeune homme, tremblant d'émotion.
— Les médecins, les médecins! fit Emérance en essayant de sourire; ils ne connaissent pas toutes les maladies.

Elle n'avait pas compris le sens non équivoque de la phrase de Léon. Celui-ci s'en aperçut, mais il avait dit le premier mot, celui qui coûte le plus, et il ne voulait pas en rester là.
— Pourquoi ne vous dirais-je pas, continua-t-il, que je vous ai trouvée jolie?... Tout me plaît en vous: le son de votre voix qu'en voudrait toujours écouter, vos beaux yeux que je ne puis me lasser de voir, votre bouche qui sait si bien parler et vos magnifiques cheveux blonds que ma main voudrait toucher sans cesse... L'homme ne peut vivre seul; il lui faut une compagne pour égayer sa vie. Je songe à cela depuis que vous êtes à Vimeux. Je ne serai heureux, j'en suis sûr, que si vous devenez ma femme.

Emérance n'écoutait point. Son regard, traversant la nuit, avait vu une forme humaine se mouvoir dans l'ombre du noyer. Ses yeux ne distinguaient pas assez pour reconnaître la personne, mais son cœur lui avait dit: C'est Adrien!

C'était, en effet, le jeune paysan. Quoique s'étant répété que le fils du maire ne pouvait songer à l'organiste, la jalousie l'avait cependant mordu au cœur; il était venu rôder autour de la maison du maire et guetter Emérance. En la voyant apparaître sur la terrasse donnant le bras à son rival, il sentit comme une lame d'acier labourer sa poitrine, puis, en entendant les paroles de M. Léon, son sang parut se glacer dans ses veines; ses bras se tordaient dans une agitation nerveuse; il lui semblait qu'il éprouverait un plaisir indicible à étrangler le fils du maire. Comme ce dernier, il attendait haletant l'œil en feu, le mur son cœur, la réponse de la jeune fille.

Après un instant de silence, Léon, s'imaginant que l'organiste n'avait pas perdu un mot de ce qu'il lui avait dit, et jugeant qu'elle devait avoir suffisamment réfléchi, trouva que sa réponse se faisait trop attendre.

Il lui prit la main et la serra doucement en lui disant :
— Le voulez-vous, dites!...

Emérance se redressa, regarda le fils du maire avec les yeux d'une personne qu'on vient d'arracher au sommeil, et, croyant qu'il la priait de rentrer dans la maison, elle répondit oui en jetant un dernier regard du côté du noyer.

Ce oui fit bondir d'aise le cœur de M. Léon, pendant que celui d'Adrien cessait de battre sous la main.
— Oh! elle l'aime, elle l'aime! murmura-t-il en s'appuyant, prêt à défaillir, contre le tronc de l'arbre.

Léon, fou de bonheur, saccageait le plus beau laurier de sa mère et offrait galamment une brassée de roses à l'organiste.

Adrien, aveuglé, étourdi par le sang qui bourdonnait dans ses oreilles, ne voyait plus rien; il comprit qu'Emérance venait de quitter la terrasse en entendant le bruit qu'en se refermant la porte vitrée. Alors il songea à s'éloigner. Mais au même instant un homme se trouva devant lui. Adrien reconnut M. Mimard. Le visage du notaire était souriant, ce qui, nous le savons, était excessivement rare.

La première pensée du jeune homme fut de s'enfuir, mais, arrêté par la honte d'être surpris, et subissant comme une domination magnétique, il resta cloué à la même place, incapable de faire un seul pas.
— Je vous ai reconnu, dit le notaire, malgré l'obscurité qui vous cachait. L'endroit était bien choisi, mais d'autres yeux que les miens vous ont également aperçu, imprudent!... Trop de raison amène souvent la folie, vous en êtes la preuve, jeune homme. Donnez-moi votre main... Elle est glacée, cependant la nuit est tiède; le sang est à la tête, vous êtes malade, prenez garde.
— Malade! non, non, dit Adrien.
— Qu'avez-vous donc, alors?... Cela ne me regarde pas, je le sais; j'ai tort de vous questionner. D'ailleurs, que me répondriez-vous que je ne sache aussi bien que vous-même? Je ne suis pas votre ennemi, je ne puis vous vouloir du mal, et, sans être votre ami, j'ai plus d'un motif pour m'intéresser à vous. Cela vous surprend, n'importe... Voulez-vous que je vous parle avec franchise?
— Vous le pouvez, monsieur Mimard.
— Eh bien, vous avez eu tort de venir ici.
— Tort, oh non!...
— Pourquoi y êtes-vous venu?
— Pourquoi? répéta Adrien en hésitant.
— Oui. Je devine votre embarras, jeune homme; vous ne savez que répondre... Vous êtes venu ici pour regarder et voir; vous avez regardé et vous avez vu, vous avez vu une ombre et vous vous êtes dit: C'est elle! Erreur: quand l'esprit et la pensée sont loin du corps, l'être n'est plus qu'un fantôme. Vous êtes venu pour regarder seulement, le hasard vous a fait entendre. Qu'avez-vous entendu? Des mots. Mieux vaut se boucher les oreilles que de mal entendre. La jalousie est une mauvaise conseillère, monsieur Mathié; si elle tue la réflexion, la raison est bientôt en déroute. Le bonheur est capricieux, il s'attache à ceux qui croient l'avoir perdu. Et vous, je vous le répète, vous avez eu tort de venir ici. N'oubliez pas mes paroles, un frère de vous aurait pas autrement parlé. Rentrez chez vous, dormez bien, faites de beaux rêves, et demain matin, si vous êtes sage, vous rirez comme un bienheureux, en disant bonjour au soleil. Maintenant, monsieur Mathié, bonsoir et bonne nuit.

Le notaire allait s'éloigner, Adrien l'arrêta :
— Encore un mot, je vous prie, monsieur Mimard.
— Je n'en vois pas l'utilité, dit le notaire; mais je veux bien vous écouter; parlez...
— D'après ce que vous venez de me dire, reprit le jeune homme, j'ai compris que vous connaissiez ma folie...
— La folie du cœur vaut mieux souvent que trop de raison dans la tête, répliqua le notaire.
— N'importe, dit Adrien, vous savez mon secret. Ne me trahissez pas, c'est une grâce que je vous demande.
— Est-ce tout? demanda gravement le notaire.
— Oui.
— Jeune homme, apprenez à être prudent comme je sais être muet, et nul ne saura jamais ce que vous voudrez cacher. Je ne parle guère, parce que trop parler nuit; j'aime encore moins à donner des conseils, parce que je ne trouve jamais ceux qui peuvent en profiter disposés à les suivre. Cependant, si vous avez besoin de moi, venez me trouver; je serai toujours prêt à vous écouter. Au revoir.

Et M. Mimard s'en alla, laissant Adrien aussi étonné de ce qu'il lui avait dit que surpris de l'espèce d'intérêt qu'il venait de lui témoigner. Mais il ne s'expliquait pas cet intérêt, qu'il n'avait pas compris les phrases embrouillées du notaire.
— Quel homme étrange! se dit-il. Il est original jusque dans son langage. Qu'a-t-il voulu me faire comprendre? Oh! rien, rien, après ce que j'ai entendu.

Adrien rentra sans attendre que l'organiste sortît de chez M. Gousselet. Sa vieille mère veillait encore; elle n'avait pas voulu se coucher avant le retour de son locataire. En voyant le regard sombre de son fils, qui passa près d'elle sans lui rien dire, la veuve Mathié fut saisie d'épouvante. Il faut si peu de chose pour alarmer le cœur d'une mère!... Elle voulut questionner Adrien; il resta sourd à la voix de sa mère. La pauvre femme revint s'asseoir tristement à sa place; elle ne reprit plus son ouvrage. Des pressentiments sinistres troublaient la douce quiétude qui la rendait si heureuse depuis quelque temps.

Adrien n'avait précédé Mme Burner et sa fille que d'un quart d'heure; ces dames furent reconduites jusqu'à leur porte par M. le maire et son fils, qui, depuis sa déclaration d'amour, faisait le joli cœur et jacassait comme une pie aveugle. La veuve Mathié ne put cacher complètement sa préoccupation et sa tristesse à Mme Burner. Celle-ci lui en demanda la cause avec cette sollicitude affectueuse qui sait tout obtenir. La pauvre mère confia ses craintes à son amie en versant dans son cœur la moitié de son chagrin. Emérance écouta, devint pâle comme une morte, et monta vivement chez elle pour y cacher son trouble et les pleurs qui jaillissaient sous ses paupières baissées. Quelque chose lui disait qu'elle avait seule pu faire de la peine à Adrien. Mais comment? Elle l'ignorait. Son extrême sensibilité faisait souffrir son cœur tout autant que celui d'Adrien torturé par la jalousie. La conduite de M. Léon, depuis leur promenade sur la terrasse lui avait paru bien singulière; en la ramenant il lui avait dit bien des demi-phrases qu'elle ne put comprendre; mais en ce moment, M. Gousselet et sa soirée, Léon et ses charades étaient bien loin de sa pensée. L'énorme bouquet de roses, à moitié fané, s'effeuillait sur la table sans même attirer son regard.

Pendant ce temps, affaissé sur un siège près de la fenêtre ouverte, Adrien était dans une prostration complète. Ses bras, détendus, inertes, tombaient à ses côtés, la flamme de son regard s'était éteinte et sa tête se penchait douloureusement comme celle du Christ de Rubens. Il ne pensait plus, mais il s'était dit: « Emérance ne peut m'aimer, il faut que je l'oublie. »

En rentrant chez eux, après avoir accompagné l'organiste et sa mère, M. Gousselet dit à son fils:

— Je le trouve bien joyeux, Léon, Mlle Burner t'a donc donné quelque espoir?

— Beaucoup d'espoir, papa. Je lui ai demandé si elle voulait être ma femme.

— Et elle a répondu?

— Un seul mot: Oui.

— Diable, diable, pensa le maire, qui flairait la méprise de son fils, ce oui me parait un peu hardi pour être sincère. Ordinairement les jeunes filles se font prier plus longtemps. Après tout, continua-t-il en se rassurant, Mlle Burner, sous son air innocent, n'est peut-être qu'une fine rusée qui cherche à faire un bon mariage. Sa mère et elle y volent trop bien pour ne pas avoir deviné mon intention depuis longtemps. Oh! les femmes!...

Et s'adressant à son fils, il reprit:

— C'est bien, mon garçon, c'est très bien, je suis content de toi. Il est tard, allons-nous coucher.

XII

LE CABARET DE MAITRE GLOUSE

 L se trouvait au centre du village, à l'angle d'une petite place sur laquelle aboutissent les quatre rues principales de Vimeux. Il avait pour enseigne un jeune sapin arraché depuis des années et suspendu par ses racines sous la gouttière de la maison, puis ces mots grossièrement tracés en noir au-dessus de la porte d'entrée: *Débit de vins et café de Paul Niquet*. Un jour, un commis voyageur, de la famille de Gaudissart, avait laissé cette plaisanterie comme souvenir de son passage à Vimeux. Les malins du village l'acceptèrent pour la comprendre, car ils n'avaient jamais entendu parler du fameux Paul Niquet, dont la réputation a fait le tour de l'Europe. Plus tard, le peintre Claviot leur apprit que Paul Niquet n'était autre qu'un marchand de vins de Paris, sa maison était une souricière de la police, le refuge des chiffonniers et de tous les gueux en général qui, ne pouvant dormir faute de lit, passaient les nuits à boire. Cette explication étonna fort nos Vimeusains, qui s'étaient imaginé que Paul Niquet était un grand personnage de l'antiquité. N'importe, ce nom prima celui de Glouse et resta au cabaretier.

Imaginez deux grandes pièces carrées, noires, enfumées, humides et sales, meublées de longues tables d'une solidité douteuse et de bancs en bois de chêne si étroits, qu'on peut à peine s'y asseoir, et vous aurez une légère idée du cabaret de notre Paul Niquet. Impossible, d'ailleurs, de s'appuyer contre les murs sans couvrir son vêtement de blanc de chaux ou de toiles d'araignées. Ce n'était pourtant pas la qualité des consommations qui attirait la foule dans cette affreuse taverne: la bière y était détestable, le vin mauvais, puant le moisi, et le café nauséabond.

Ce n'était pas non plus la beauté et la gracieuseté de l'hôtesse: elle avait une laideur de chenille, le ton arrogant, la parole brutale, grossière, et le caractère revêche. Mais, en revanche, son mari était un joyeux compère, s'attablant volontiers à côté des buveurs et sachant très bien les animer pour faire doubler et tripler la dépense. Maître Glouse était un petit homme brun, pâle de figure, très maigre et possesseur d'une bouche fendue jusqu'aux oreilles, ornée de quatre formidables incisives. Ses petits yeux verts s'enfonçaient dans son front étroit et bombé et disparaissaient presque sous d'énormes sourcils noirs. Il marchait assez bien d'une jambe, mais on ne pouvait s'en apercevoir, car de l'autre il tortillait horriblement. Il voulait passer pour un bel esprit et avait la prétention de se croire très fort, parce que, ayant le bonheur de savoir lire, il avait lu de gros livres sans les comprendre. Il s'imaginait être un philosophe, parce qu'il avait dans une armoire le dictionnaire philosophique de Voltaire. Pour un peu qu'il ait une pointe de vin, sa langue se déliait d'une façon merveilleuse; il pérorait pendant des heures entières. Il pataugeait dans tout: l'histoire, la géographie, les sciences, la littérature, les arts, rien ne lui était inconnu. Il essayait de prouver son savoir, mais il ne montrait que son ignorance et sa sottise. Ses clients aimaient à le faire causer, car, lassés de tenir les cartes, ils s'amusaient encore à ses dépens. Paul Niquet ne le voyait pas; du reste, cela lui eût été bien égal. Du moment que les bouteilles se vidaient sur les tables et qu'il empochait les pièces blanches et les gros sous des buveurs, il était satisfait.

Le lendemain de la fête donnée par le maire, un peu après la tombée de la nuit, une douzaine de jeunes gens se trouvaient attablés au cabaret, jouant et buvant. Le fourrier Antoine venait d'arriver et, après s'être assis silencieusement à sa place habituelle, s'était fait servir une tasse de café. Dans la journée, le père Pommier avait raconté plusieurs fois l'incident qui avait troublé la soirée de M. Gousselet, puis la chose fut répétée par d'autres qui, l'enjolivant, l'exagérant, l'arrangeant à leur manière, lui firent prendre d'énormes proportions. Elle eut bientôt égayé tout le village. Depuis leur entrée au cabaret, les joueurs en riaient à gorge déployée.

Tout à coup, il se fit un profond silence. Un jeune homme venait d'apparaître sur le seuil de la chambre et de s'écrier d'une voix forte et vibrante:

— On ne m'invite donc pas à boire, ici?

— Adrien! Adrien! c'est lui!... s'écria-t-on de tous côtés.

Une place fut faite aussitôt et le jeune homme s'assit à la table.

— Un verre! cria l'un des buveurs.

— Et le plus grand que tu pourras trouver, entends-tu, Paul Niquet? dit Adrien.

— Que veux-tu boire? De la bière ou du vin?

— De l'une et de l'autre, mes amis; je suis de tout écot. Remplissez mon verre.

— Bravo! bravo! voilà qui est parler.

— Une première fois, trinquons.

— A l'espoir de vider ta cave, Paul Niquet! cria Adrien en choquant son verre.

— De tout mon cœur, dit le cabaretier.

— Et moi, reprit un buveur, je bois à ton retour parmi nous.

Adrien fredonna:

Ou peut-on être mieux qu'au sein de sa famille?

— C'est cela, Adrien; chante-nous une chanson.

— Non, fit Adrien d'une voix sombre; je ne chante plus. Rions, buvons, cassons les verres, brisons les bouteilles, je le veux bien.

Et, joignant l'action à la parole, il saisit son verre et l'écrasa sur le carreau.

— Il n'était pas assez grand, dit-il froidement. Paul Niquet, un autre verre! Quoi donc! reprit-il, six bouteilles sur la table, pour vous tous!... Est-ce qu'on refuse de donner à boire ici? Paul Niquet, de la bière et du vin, beaucoup, ou, sinon, je défonce tes futailles!

Les buveurs ne disaient plus rien. Tous regardaient Adrien avec surprise et stupéfaction...

Dans l'espace d'une demi-heure, une prodigieuse quantité de bouteilles furent vidées.

Toujours plein, le verre d'Adrien ne cessait d'être rempli, tantôt de bière, tantôt de vin.

— Dis donc, demanda-t-il à son voisin, ai-je déjà bu beaucoup?

— Mais pas mal; tu t'en acquittes bien.

— Combien de bouteilles?

— Quant à ça, je n'en sais rien.

— A peu près, compte... Je veux le savoir.

— Ce n'est pas facile.

— Voyons: ai-je bien bu quatre bouteilles, bière et vin?

— Oh! oui, pour le moins.

Adrien se leva brusquement.

— Oh! fit-il d'une voix rauque, je ne me griserai pas.

— C'est vrai, dit une voix à son oreille.

— Antoine! s'écria Adrien en se retournant. Y a-t-il longtemps que tu es ici?

— Avant toi.

— Je ne t'ai pas vu; tu étais donc caché?

— J'étais là, dit le sous-officier en indiquant l'angle le plus obscur de la salle.

— Dans un coin, tout seul... Qu'est-ce que cela veut dire?

— Rien. Une idée...

— Le jour où tu as voulu devenir un homme rangé, dit un paysan un peu plus éveillé que les autres, Antoine a fait comme toi: il s'est rangé... à l'écart.

— Ah! fit Adrien. Eh bien, puisque je me dérange aujourd'hui, Antoine se dérangera aussi. Il va boire avec nous.

— Pas ce soir, merci, dit Antoine. Je désire te parler, ajouta-t-il; sortons, un peu d'air te fera du bien.

— J'en doute, fit Adrien avec un sourire désolé.

Puis, s'adressant aux autres jeunes gens:

— A demain, leur dit-il.

Et il suivit son ami.

Quant ils furent dans la rue, Antoine passa son bras sous celui d'Adrien en disant:

— Sortons du village.

Ils marchèrent silencieux pendant quelques minutes. A quelques mètres des dernières maisons, Adrien prit la parole.

— Que veux-tu me dire? demanda-t-il.

— Pourquoi ne t'ai-je pas vu depuis bientôt deux mois?

— Je n'en sais rien.

— Tu avais donc oublié que je suis ton ami, que je t'aime comme un frère. Egoïste!... Joie ou chagrin, pourquoi garder cela pour toi seul?

— J'ai eu tort, dit Adrien.

— Tu en conviens; c'est heureux. Pourquoi es-tu revenu chez Glouse, ce soir?

— Pourquoi?

— Oui.

— Parce que... parce que je m'ennuyais.

— Des détours... Pourquoi jouer ce jeu-là avec moi? Enfin, tu reviens au cabaret, tout prêt à te livrer à des excès plus fous encore que ceux d'autrefois. As-tu pensé à ta mère? Que va-t-elle dire? Hier encore elle me remerciait avec des pleurs dans les yeux, car elle est persuadée qu'elle devait ton changement de conduite à mes conseils. Pauvre femme! Quel affreux réveil elle aura demain si quelque généreuse commère va lui raconter la moitié seulement de ce que tu as dit et fait ce soir...

— Oh! que je souffre, que je souffre! s'écria Adrien en cachant sa figure dans ses mains.

— Le cœur est bon, mais la tête est folle. Voyons, que s'est-il donc passé ces jours derniers?

Adrien regardait son ami avec des yeux hébétés, humides de larmes.

— Tu ne réponds pas. Eh bien je vais te le dire.

Adrien tressaillit.

— Tu sais donc?... balbutia-t-il.

— Je sais, parce que je l'ai deviné, que tu es follement amoureux de l'organiste.

— Tais-toi, tais-toi. Non, je ne l'aime pas, je ne l'aime pas...

— Ah! il paraît que la blessure est très dangereuse, et pour la guérir, malheureux! tu vas tuer ta mère, car elle mourra de chagrin, ou elle deviendra folle comme un sot... Et puis encore, qu'obtiendras-tu? Le calme du cœur. Oui, pour un instant. Mais, après? Quand le cerveau, débarrassé des vapeurs enivrantes, retrouvera le souvenir et l'idée, crois-tu que tu seras moins malheureux?

— Je ne cherche ni la guérison, ni l'oubli, dit tristement Adrien. J'ai le dégoût de la vie et je m'étourdis.

— Tu souffres aujourd'hui parce que tu n'as pas encore réussi à faire aimer de Mlle Burner, je le comprends, mais rien ne dit qu'elle ne t'aimera pas un jour.

— Jamais!...

— Elle t'a donc désespéré tout à fait?

— Oui.

— Comment cela?

— Elle en aime un autre.

— Un autre, dis-tu?...

— Oui, Léon Gousselet.

— C'est impossible; Mlle Burner a trop bon goût pour cela. On t'a trompé.

— Personne ne m'a rien dit. J'ai vu Emérance et le fils du maire ensemble.

— Cela ne prouve absolument rien.

— J'ai entendu, poursuivit Adrien d'une voix sourde, Léon demander à l'organiste si elle voulait être sa femme.

— Et puis?...

— Elle a répondu qu'elle le voulait bien.

— En ce cas, dit Emérance t'a trompé, et me trompait moi-même avec son air sainte nitouche. Cette honnête femme et cette fille innocente sont peut-être deux intrigantes.

— Oh! ne dis pas cela, ne dis pas cela! s'écria Adrien.

— Ecoute: si l'organiste épouse Léon Gousselet, on ne me fera jamais croire que c'est par amour. Il y aura calcul, c'est évident; celui de Mlle Burner sera odieux et j'aurai ne raison de l'appeler intrigante. Un honnête homme se venge par le mépris de ces sortes de femmes; c'est, mon cher Adrien, ce que tu dois faire. Garde-toi de donner à l'organiste la satisfaction de pouvoir dire un jour, en te montrant du doigt: Voyez cet homme abruti, vieilli, sans plus par la débauche, c'est Adrien Mathié. Il était, dans sa jeunesse, le plus beau garçon de Vimeux; il m'a aimée et je me suis moquée de lui. Le sot, pendant qu'il abreuvait son cœur de douleurs, moi je dormais tranquille, rêvant un beau mariage, car ce que je voulais dans un mari, ce n'était ni l'esprit, ni la beauté, mais seulement la fortune. Je t'en ai assez dit pour ce soir. Crois-moi, Adrien, méprise et l'oubli viendra.

XIII

LA PHILOSOPHIE DE M. GLOUSE

ADRIEN avait écouté les sages conseils de son ami, mais sans se laisser convaincre. Adrien passait chez Paul Niquet, chaque jour, les deux tiers de la nuit. Comme un médecin qui flatte, pendant un temps, les manies de son malade pour le mieux guérir, le sous-officier ne quittait pas Adrien d'une minute. Assis à table à côté de lui, il surveillait tous ses mouvements, modérait son langage, ses emportements nerveux et l'empêchait surtout de boire. Grâce à cette sollicitude toute fraternelle, qu'Adrien supportait sans pouvoir se fâcher, il sortait du cabaret, la tête un peu lourde sans doute, mais conservant toujours la faculté de penser.

— C'est déjà quelque chose d'obtenir cela, se disait Antoine; en le voyant rentrer, sain de corps et d'esprit, sa pauvre mère souffrira moins.

Depuis que son fils avait repris l'habitude de sortir tous les soirs, la veuve ne se couchait plus avant minuit, et, pendant ces longues heures de veille douloureuse, elle ne cessait de pleurer et de gémir, malgré tout ce que Mme Burner pouvait lui dire pour la faire espérer.

Un certain soir qu'Adrien s'était attardé chez Paul Niquet plus que de coutume, les deux veuves veillaient ensemble, et Emérance, malgré l'heure avancée, était assise près d'elles. En les voyant, Adrien fut un moment interdit; il aurait bien voulu retourner sur ses pas, mais il était trop tard, car la porte en s'ouvrant avait attiré l'attention des trois femmes. Sans un mot, il passa rapidement devant elles en ôtant sa casquette. L'organiste s'était levée, et avant qu'Adrien eût ouvert la première porte intérieure, elle se trouva devant lui. Le jeune homme fit deux pas en arrière.

— Monsieur Adrien, dit la jeune fille d'une voix entrecoupée par l'émotion, répondez-moi avec franchise. Il y a quelques jours nous étions amis, nous ne le sommes plus aujourd'hui. Si j'ai cessé de mériter votre amitié, dites-le moi.

— Nullement, mademoiselle.

— Vous m'avez dit autrefois que vous étiez toujours sincère; je crois pourtant que vous ne dites pas la vérité en ce moment.

— Je vous jure; mademoiselle...

— Ne jurez pas, interrompit Emérance; quelque chose vous afflige, moi je voyons bien, et, sans savoir pourquoi vous souffrez, il me semble que ce n'est pas le moment de vous éloigner de vos amis.

— Mademoiselle...

— Oui, monsieur Adrien, votre conduite m'attriste. Voyez votre mère, chaque jour elle pleure, elle se désespère, car elle tremble de perdre son fils comme elle l'a déjà perdu une fois. Eh bien, sa douleur est une peine pour moi, elle me brise le cœur. Quel motif vous porte à nous fuir? Devant votre mère, devant la mienne, répondez avec franchise.

Mis en demeure de donner une réponse sérieuse, les paroles vinrent aux lèvres du jeune homme; mais il baissa la tête sans oser dire: Je vous aime et je sais que vous devez être la femme d'un autre.

Les deux mères, qui ne s'attendaient pas à cette scène, écoutaient attentives et muettes de surprise.

Emérance attendait, palpitante, qu'Adrien répondît.

— Mademoiselle, dit-il enfin, je conviens que ma conduite peut vous paraître bizarre, mais elle ne vient d'aucun motif qui doive vous affliger.

Un rapide éclair de joie passa dans le regard de la jeune fille.

— Ainsi, dit-elle redevenue souriante, vous êtes toujours mon ami?

— Oui, répondit Adrien.

— Voyons, pourquoi avez-vous oublié que dimanche dernier nous devions faire une promenade ensemble? Comptant sur votre promesse, vous m'avez fait attendre toute la soirée; c'est mal cela.

— C'est vrai, dit le jeune homme.

— Je ne veux pas vous gronder, reprit l'organiste en faisant une petite moue adorable de mutinerie; mais j'es-

père bien, monsieur, que vous vous empresserez de réparer votre faute.
— Je la réparerai, dit Adrien complètement dominé par la jeune fille.
— Quel jour?
— Demain.
— A la bonne heure! s'écria la jeune fille; mais ce n'est pas tout, il faut que vous me fassiez une autre promesse, mon ami.
— Laquelle?
— Que vous n'irez plus au cabaret.
Adrien hésita un instant.
— Je suis bien exigeante, n'est-ce pas? reprit Emérance. Que voulez-vous, c'est le droit de l'amitié. Vous me ferez cette promesse, j'en suis sûre, ajouta-t-elle d'une voix câline en prenant la main du jeune homme.
Adrien n'eut plus la force de résister.
— Eh bien, oui, dit-il; je vous le promets, je vous le jure, je ne remettrai plus les pieds à l'auberge.
— Merci, merci, dit Emérance.
Sa main pressa doucement celle d'Adrien, et vaincue à son tour par des émotions diverses elle se laissa tomber sur une chaise.
— Mon fils, mon enfant! s'écria la veuve Mathié en serrant le jeune homme dans ses bras, tu pourras donc m'aimer encore?...
Le pauvre garçon était incapable de répondre; il sanglotait. Il se dégagea doucement de l'étreinte maternelle et se sauva dans sa chambre.
Un instant après, en se retrouvant seule avec sa fille, Mme Burner lui demanda l'explication de ce qui venait de se passer.
— La voici, chère mère, répondit Emérance, la tête appuyée sur l'épaule de Mme Burner: Adrien m'aime, sans oser me le dire, et moi je l'aime aussi...

XIV

ENCORE UNE IDÉE DE M. GOUSSELET

Un matin, M. le maire de Vimeux, rasé de frais et égayé par quelques verres de bon vin, vint faire une visite à Mme Burner et à l'organiste.

C'était le lendemain du jour où Emérance avait obtenu d'Adrien Mathié la promesse qu'il n'entrerait plus chez le cabaretier philosophe. La mère et la fille se disposaient à faire leur toilette pour la promenade.

Deux jours auparavant, M. Gousselet, devenu prudent à force de défiance, s'étant trouvé seul avec l'organiste, lui avait parlé, avec beaucoup d'adresse, des paroles échangées entre elle et son fils sur la terrasse fleurie. Et il s'était convaincu que si Mlle Burner avait écouté la déclaration d'amour de Léon, elle n'y avait rien compris, ce qui lui prouvait suffisamment que, malgré tous ses conseils, son héritier était toujours aussi niais que par le passé.

M. Léon fut flagellé d'une verte semonce pour lui apprendre à ne pas se tromper une autre fois et à être moins crédule.

— Je me doutais de ta sottise, lui dit son père; c'est pourquoi j'ai adressé à l'organiste quelques questions détournées, assez claires cependant pour être comprises. De tout ce que je lui ai dit sur la terrasse, elle ne se souvient que d'une chose: c'est que tu lui as offert un gros bouquet de roses. Si j'avais agi aussi étourdiment que toi, et que j'eusse demandé sa main, vois un peu, dans le cas d'un refus possible, le ridicule de ma démarche. Je me suis bien gardé de lui dire que tu l'aimes; son ignorance à ce sujet est complète; ton amour-propre et le mien sont ménagés.

En parlant, M. Gousselet avait trouvé une idée. Depuis quelque temps, son imagination faisait merveille. Or, c'était pour mettre à idée à exécution que le maire, guilleret, pimpant et gracieux comme un jouvenceau, venait visiter les dames Burner.

Après s'être installé dans le fauteuil que lui offrit Emérance, il commença par débiter une longue suite de compliments.

— Je vois avec peine, dit-il ensuite combien vous êtes petitement logées; vous devez vous trouver bien gênées.

— Nullement, monsieur le maire, répondit la mère d'Emérance.

— Vous ne voulez pas répondre autrement, devant moi, qui suis obligé de veiller à votre bien-être, à ce que rien ne vous manque, reprit M. Gousselet.

— Je vous assure que rien ne nous manque ici et que nous nous y plaisons très bien.

— Le logement, je l'avoue, est assez plaisant, mais il est trop exigu, beaucoup trop.

— Eh! mon Dieu, monsieur Gousselet, dit Mme Burner, il est bien assez vaste pour ma fille et moi. Que ferions-nous d'un appartement plus grand? Nous y serions comme dans un désert, avec le peu de meubles que nous avons.

— Il vous faudrait une cuisine, ici vous n'en avez pas.

— A toute heure de la journée, celle de Mme Mathié est à notre service.

— Grande sujétion, fit le maire.

— Nous n'en connaissons pas encore les désagréments, répliqua Mme Burner.

— Ce n'est pas toujours une aisance, dit le maire; je tiens à ce que vous soyez le mieux possible. Une partie de ma maison, vous le savez, est inhabitée; ce corps de bâtiment se compose d'une cuisine, d'une petite salle à manger et d'un très joli salon au rez-de-chaussée, avec deux chambres superbes au premier. C'est cette habitation que je viens mettre à votre disposition.

— Toute une maison, dit Mme Burner en souriant; c'est beaucoup trop vaste pour nous.

— Le prix de la location sera le même que celui que vous payez à la veuve Mathié.

— Votre offre est des plus généreuses et je sais l'apprécier, monsieur le maire; je vous en remercie très sincèrement. Pour deux femmes qui savent se contenter de peu, l'habitude est la moitié du bonheur; nous sommes heureuses ici, je n'ai qu'à me louer de Mme Mathié. Pourquoi quitterions-nous son logement? Je ne suis point ingrate, monsieur le maire, et je ne puis répondre par une sottise ou une malhonnêteté à l'affection qu'on ne cesse de me témoigner.

M. Gousselet comprenant que le refus de Mme Burner était sans réplique, se mordit la lèvre jusqu'au sang.

Il eut peur de laisser voir son dépit. Il se leva pour prendre congé.

— Ma chère madame Burner, vous réfléchirez, dit-il en s'en allant; vous ne repousserez pas toujours une offre aussi belle et aussi désintéressée que la mienne.

Au lieu de retourner chez lui, M. Gousselet se dirigea vers la cure.

— Il faut que je fasse partager mon idée au curé, se dit-il, il le faut quand même. Une fois installées chez moi, Léon pourra voir l'organiste chaque jour, lui parler souvent. Il faudra bien alors que les choses s'arrangent pour le mieux.

Le maire trouva M. Saugerot dans sa chambre, lisant l'histoire des missions étrangères.

— Eh bien, papa Gousselet, qu'est-ce qui vous amène à la cure? demanda l'abbé en fermant son livre.

— Le plaisir de vous voir, monsieur le curé.

Le sourire ironique de M. Saugerot rida ses lèvres.

— Et ensuite? fit-il.

— Celui de causer un moment avec vous.

— Il y a quelque chose, pensa le curé, laissons venir.

— Avez-vous beaucoup de monde à la messe dimanche dernier? demanda le maire.

— Comme d'habitude, répondit M. Saugerot. Vous n'y étiez pas, vous avez été empêché, sans doute?

— En effet, une livraison de fourrages...

— Ce qui veut dire blés à toucher.

— Ma foi, oui, fit M. Gousselet en riant. Le temps continue à se maintenir au beau, monsieur le curé.

— Mon baromètre descend un peu.

— Alors nous aurons de la pluie ces jours-ci.

— Si elle est nécessaire, tant mieux.

— Elle ne fera pas de mal; la terre est très sèche, elle commence à se crevasser. Trop de soleil finirait par griller l'extrémité du blé en herbe.

— Ce serait un grand malheur.

— Et une grande perte, en ce moment surtout que les blés sont prêts à épier.

— En ce cas, je me joins à vous pour souhaiter deux ou trois jours de pluie.

— Avez-vous été visiter l'organiste ces jours derniers?

— Hier. Pourquoi cette question?

— Je la trouve bien mal logée, monsieur le curé.

— Quelle idée! Vous n'avez pas toujours dit cela.

— Faute de réflexion. J'ai, dans ma maison, de quoi loger grandement tout un ménage; vous devriez décider Mme Burner à venir demeurer chez moi.

— Voilà le motif de sa visite, pensa M. Saugerot. Reste à savoir pourquoi il tient à avoir chez lui l'organiste et sa mère.

— Mon cher Gousselet, reprit-il tout haut, si les dames Burner se trouvent bien où elles sont, pourquoi ne pas les y laisser? Après avoir choisi et loué elles-mêmes leur logement, elles auraient le droit de trouver étrange que je leur fisse quitter pour un autre qui pouvait leur être donné à leur arrivée à Vimeux.

— Quand j'y ai songé, il était trop tard.

— Et moi craignant un refus, je ne vous l'ai pas demandé.

— Je l'aurais certainement mis à votre disposition.
— Il ment, se dit le curé.
— Tout cela peut se réparer, continua le maire. Dans l'intérêt des dames Burner, nous les installerons chez moi, le plus tôt possible.

Tout en jouant avec un coupe-papier, le curé ne cessait de regarder en dessous M. Gousselet.

— Est-ce bien leur intérêt ou le vôtre que vous cherchez en ce moment! demanda-t-il en riant.

Le maire sentit quelque chose de brûlant monter à son front.

— Oh! je ne songe vraiment qu'à l'organiste, reprit-il d'un ton plein de sincérité apparente.
— Combien demanderiez-vous pour le loyer?
— Ce que reçoit la veuve Mathié.
— Le prix est modeste, je l'avoue.
— Vous voyez que je ne cherche pas à faire une spéculation! s'écria M. Gousselet.

Cette superbe générosité n'est pas naturelle, pensa le curé; il y a sûrement une raison cachée. Laquelle?

— Mon cher Gousselet, reprit-il tout haut, si un jour l'organiste songe à quitter son logement, je me souviendrai de ce que vous venez de me dire. Jusque-là, les dames Burner resteront chez la veuve Mathié, puisqu'elles s'y plaisent.

— Réfléchissez, monsieur le curé, il y a un danger que vous ne voyez pas.
— Un danger!... Lequel?
— La veuve Mathié a un fils.
— Adrien. Eh bien?
— On ne sait pas ce qui peut arriver. Les jeunes gens...
— Adrien aurait-il osé manquer de respect à Mlle Burner? demanda vivement le curé.
— Je ne dis pas cela. Mais il est joli garçon; il peut...
— C'est bien, papa Gousselet, j'y veillerai. D'ailleurs, ce danger dont vous parlez existerait aussi bien chez vous.
— Chez moi?...
— Sans doute. Vous avez aussi un fils.
— Je réponds de lui, monsieur le curé.
— On ne sait pas ce qui peut arriver, papa Gousselet, dit M. Saugerot avec un petit rire mordant. Les jeunes gens...

Le maire examina M. Saugerot, qui continuait à jouer avec son coupe-papier d'un air pensif obliquement.

— M'aurait-il deviné? se demanda M. Gousselet. N'importe, le moment de lui parler de mon projet n'est pas encore arrivé.

Il ne me dira plus rien, pensait le curé. Cela m'est égal je connais sa pensée maintenant.

Le maire quitta le curé très peu satisfait, cherchant à cacher son mécontentement sous une gaîté apparente.

Une rencontre, à laquelle il ne s'attendait guère, mit tous ses nerfs en mouvement; il se trouva, dans la rue, face à face avec Adrien Mathié, sa mère et les dames Burner. Adrien, habillé comme un jour de grande fête, conduisait l'organiste, qui avait le visage rayonnant. Les deux veuves, causant ainsi que deux sœurs, marchaient à quelques pas derrière leurs enfants.

Tous quatre saluèrent M. le maire. Celui-ci rendit un salut très froid, très fier, et passa rapidement sans dire un mot.

La jeune fille bondit joyeuse et légère, le long du sentier, coupant à droite, à gauche, les jolies fleurettes que le soleil vient de faire épanouir. Par instants, elle disparaît dans les hautes herbes, fait un demi-tour sans se laisser voir et se montre tout à coup d'un côté, pendant qu'Adrien la cherche de l'autre côté, afin de lui donner les fleurs qu'il a cueillies pour elle.

Mais le bouquet grossit trop vite; il devient une gerbe que l'on jette sur le pré pour avoir le plaisir de courir encore et de moissonner de nouvelles fleurs qu'on dispute aux scarabées et aux papillons.

La journée est superbe; le soleil étincelant change le sable fin du sentier en une poudre d'or qui éblouit les yeux. Les grillons chantent dans les blés verts où les bluets vont fleurir. Dans les haies, on entend babiller les linots et les fauvettes; la campagne est pleine de rumeurs amoureuses, et l'air, rafraîchi par un léger zéphyr qui vient du nord, est imprégné de suaves parfums.

Emérance regarde, écoute et entend; ses yeux humides cherchent un regard d'Adrien, comme la fleur qu'elle va cueillir cherche un baiser du soleil. Son cœur, avec les oiseaux, chante les mélodies du printemps: la chanson d'amour et du bonheur.

La jeune fille semble s'unir à l'immense harmonie de la nature; car elle est jeune comme la verdure, fraîche et jolie comme la fleur, joyeuse comme le ruisseau qui gazouille à quelques pas et court en serpentant à travers la prairie.

Adrien, lui aussi, se sent plus calme, plus tranquille; il y a moins de désordre dans sa tête; il se laisse entraîner à de douces pensées. A chaque instant, Emérance lui sourit; il ne demande rien de plus; il se croit suffisamment heureux et trouve la vie assez belle.

Quoique marchant avec beaucoup de lenteur et très capricieusement, il n'était pas encore quatre heures lorsque les promeneurs arrivèrent à la cascade de l'aqueduc romain. Ils avaient cependant parcouru la sapinière et visité les roches sur lesquelles ils s'étaient reposés pendant une heure environ.

Ce que les Vimeusains appellent l'aqueduc romain est une sorte de pont étroit, construit par les soldats de César, au-dessus des quartiers de roches, alors que le superbe conquérant poursuivait le héros gaulois Vercingétorix, dernier défenseur de son pays.

Ce pont, bâti sans chaux ni ciment, avec des pierres monstrueuses jetées les unes sur les autres, est peut-être le seul ouvrage des Romains qui restera pour raconter aux âges futurs que César et ses légions victorieuses ont traversé le pays des bardes et troublé le silence des forêts mystérieuses où les druides cueillaient le gui sacré.

En mesurant la longueur et l'épaisseur de chaque bloc de granit, on est tenté de croire que les deux arcades massives de dix mètres de hauteur, qui soutiennent le pont au-dessus du torrent, sont le travail de la nature et non celui des hommes; mais en regardant le front de la montagne hérissé de roches gigantesques, qui montrent de loin leurs angles noircis, on comprend qu'on a dû faire descendre, en les roulant, tout cet amas de pierres déracinées.

L'eau, qui s'échappe de la montagne, bouillonne et bondit avec fracas, pour s'élancer dans la plaine, se rue furieuse et impuissante contre les quartiers de roches du pont romain; chaque pierre reste blanche de son écume; on l'entend gronder et mugir sous les voûtes; puis, un peu plus loin, on la voit tourbillonner, se grossir devant un obstacle qui essaye en vain de l'arrêter, et le franchir impétueusement, pour faire une chute magnifique dans un large bassin où s'éteint subitement sa colère.

Les promeneurs s'arrêtèrent sur le pont pour admirer les derniers rayons du couchant, se mirant dans la chute d'eau.

Tout à coup, Emérance jeta un cri. Etourdie par le bruit, éblouie par le reflet de la lumière dans l'eau et peut-être aussi prise du vertige, son ombrelle s'était échappée de sa main. Mais, en tombant, elle avait rencontré une touffe de ronces qui croissait entre deux pierres et s'y était accrochée, suspendue sur le torrent, à quelques pieds de l'eau.

Adrien avait entendu le cri de la jeune fille et aperçu l'ombrelle. Avant qu'on eût eu le temps de douter de son projet insensé, il avait enjambé le parapet et, à cheval sur les pierres luisantes et gluantes, les bras roidis, il descendait en glissant au-dessus de l'abîme. Sur sa tête, trois cris de terreur retentirent en même temps. L'épouvante avait pâli et affreusement contracté le visage des trois femmes.

— Il est perdu, perdu! s'écria la veuve Mathié en se penchant sur le parapet, au risque de tomber elle-même dans le torrent et de se briser la tête sur les roches menaçantes.

Frémissante, la bouche grande ouverte, le regard fou, elle voyait continuellement le moment où son fils allait disparaître au milieu du gouffre. Le cœur d'Emérance avait cessé de battre, le sang se figeait dans ses veines, son front couvert de sueur était glacé. Elle ne pouvait prononcer un mot: la terreur l'avait en quelque sorte paralysée.

Cependant, avec une présence d'esprit admirable, Adrien accomplit sa descente périlleuse. Son adresse et son sang-froid prodigieux lui avaient fait éviter les plus grands dangers. Un pied posé sur une aspérité de la pierre humide, tenant, d'une main, quelques ronces hérissées de dents aiguës et, de l'autre, l'ombrelle, il regarda en souriant au-dessus de lui; mais, en voyant le corps de sa mère en surplomb, ne se soutenant sur le parapet que par miracle, Adrien frissonna à son tour. Alors il comprit quels périls sa folle action l'avait conduit.

Le danger que courait sa mère lui en fit voir vingt autres dont il était menacé lui-même. Ses oreilles bourdonnèrent, un nuage passa sur ses yeux et il se sentit prendre par le vertige. Il lui sembla que son pied, devenu insensible, n'était plus appuyé à rien; sa main, crispée sur les ronces, se desserra un peu et glissa le long des tiges armées de mille piquants. L'instinct de la conservation revint chez Adrien en sentant les ronces mordre sa chair. Sa main déchirée serra plus fort la plante meurtrière. Après avoir vacillé un instant, son corps se retrouva en équilibre. Une sueur abondante ruissela aussitôt sur son front et ses joues. Mais sa présence d'esprit lui était revenue; il prit l'ombrelle entre ses dents, éteignit dans son bras le bouquet de ronces et chercha un nouveau point d'appui pour ses deux pieds. Alors son regard interrogea chaque pierre autour de lui, demandant à toutes le moyen de remonter sur le pont.

Aucun ciseau ne les avait taillées, heureusement; le temps et la pluie seuls les avaient usées en les polissant. Elles possédaient juste assez de saillies et de crénelures pour ne pas rendre tout à fait impossible l'ascension qu'entreprit Adrien. Malgré son courage et sa volonté énergique, au bout d'un instant ses forces commencèrent à l'abandonner; ses mains ensanglantées, engourdies, sans ressort, refusèrent de s'accrocher à la pierre. D'un coup d'œil anxieux il mesura la distance déjà parcourue et celle qu'il devait gravir encore; elles étaient à peu près égales. Mais les plus grandes difficultés n'étaient pas vaincues, car, en se rapprochant du pont, la pente devenait de plus en plus rapide, les pierres étaient mieux placées et offraient, par conséquent, beaucoup moins de crans et d'aspérités. Adrien voyait au-dessous de lui bouillonner l'eau du torrent; à droite, à gauche, elle s'échappait d'entre les pierres comme d'autant de sources, et descendait en cascatelles éblouissantes.

Il n'osait plus regarder au-dessus de sa tête; ses yeux, fatigués par le mouvement des eaux, se fermèrent. La voix de sa mère, qui ne cessait de lui crier: « Prenez garde! » arrivait toujours à ses oreilles.

Tout à coup, une autre voix plus forte, plus vibrante, se fit entendre.

— Adrien, courage, criait-elle! ne regarde pas en bas.

Le jeune homme rouvrit les yeux, chercha et entendit, aperçut Antoine debout sur le parapet. Il fit un dernier effort, roidit ses jambes et ses bras, et monta encore de deux ou trois pieds. Alors il s'arrêta complètement épuisé.

— Je vais tomber, murmura-t-il.

Il lui sembla que le torrent grondait plus fort et qu'il ouvrait déjà sa gueule béante, affamée, pour l'engloutir. Une sensation de douleur étrange passa en lui. En quelques secondes il revit tout son passé. Dans son cerveau mille pensées se heurtaient tumultueusement...

Combien doit être horrible l'agonie d'un homme plein de jeunesse, de force, de santé, qui sent la mort s'emparer de lui et ne peut échapper à son étreinte!...

Adrien voulut crier pour appeler à son secours, les sons moururent dans sa gorge serrée. Son regard, suppliant, chercha Antoine; Antoine n'était plus sur le pont. Une de ses mains lâcha la pierre.

Au même instant, la tête de l'organiste se montra à Adrien comme une clarté soudaine; il crut voir luire un rayon d'espoir.

— Tenez-vous, monsieur Adrien, tenez-vous bien, lui dit la jeune fille.

— Je ne peux plus! soupira-t-il.

— Encore une minute; je suis près de toi, dit Antoine.

La voix du fourrier qui sortait d'une excavation à quelques centimètres au-dessus d'Adrien, fit remonter le sang à son cœur.

— Prends ma main, reprit Antoine en allongeant son bras vers Adrien.

Le jeune homme obéit. Aussitôt, il se sentit enlevé, attiré par deux poignets solides jusqu'à l'entrée d'une assez large ouverture.

— Ah! maintenant te voilà sauvé! s'écria Antoine tout joyeux en aidant Adrien à se glisser entre deux pierres pour arriver près de lui.

Un jour, dans son enfance, jouant sur le pont avec d'autres petits garçons, Antoine avait découvert une sorte de passage étroit, difficile, dû au hasard, sans doute, et formé par une continuité d'espaces restés libres entre les pierres. En voyant le danger que courait son ami, il s'était souvenu; il avait retrouvé, cachée sous de longues herbes, l'entrée de cette galerie intérieure qui l'avait amené, comme nous l'avons vu, assez près d'Adrien pour pouvoir le secourir.

Les deux amis ne tardèrent pas à reparaître sur le pont; Adrien marchait avec peine appuyé sur l'épaule d'Antoine. Sa mère accourut près de lui, et le pressa dans ses bras tremblants; tout à l'heure elle se sentait mourir de crainte, maintenant la joie l'étouffe. Mais trop heureuse que son fils lui soit rendu, elle ne songe pas à lui adresser un reproche. Seule, Emérance lui dit d'une voix émue:

— Qu'avez-vous fait?

— C'était pour vous, répondit-il en lui remettant son ombrelle.

On reprit le chemin du village. Le fourrier continuait à soutenir le pas de son ami tout en observant l'organiste qui, marchant à quelques pas devant eux, ne cessait de retourner la tête et d'envoyer de leur côté un regard plein d'une tendre sollicitude.

— Antoine, fit Adrien, pourquoi ne me dis-tu rien?

— Je n'ai rien à te dire.

— Tu pourrais au moins me gronder d'avoir joué ma vie contre une ombrelle.

— C'est vrai, mais je ne ressemble pas au pédant de la fable, moi. Tu désires que je te parle d'elle, n'est-ce pas?

— Tu lis dans ma pensée.

— Eh bien, Mlle Burner est la plus ravissante créature qu'on puisse rencontrer; je comprends comment ceux qui la voient souvent peuvent avoir des jours de folie.

— Tu te moques de moi, Antoine...

— Non...

— Ainsi, tu admets que je puisse vouloir mourir pour elle?

— As-tu réellement cette idée?

— Oui, parfois; il me semble que ce serait un bonheur pour moi.

— Allons, je ne te croyais pas aussi aveugle et aussi fou.

— Que veux-tu dire?

— Qu'on ne songe pas à mourir quand on est aimé.

— Aimé! Oh! non, je ne puis te croire; je t'en prie ne me dis plus rien!

— Soit, je me tais.

— Antoine, tu es mon ami, tu m'aimes?

— Tu le sais bien.

— Aujourd'hui, pour la première fois, j'ai eu la pensée que je pouvais être aimé; tu viens de me le dire aussi, le crois-tu?

— Je le crois. Mais un mot de Mlle Burner te persuadera mieux que tout ce que je pourrais te dire; demande-le, ce mot, ce soir, demain, le plus tôt possible, enfin. Il s'agit, mon cher Adrien, de votre bonheur à tous deux.

— C'est bien, je suivrai ton conseil.

— Maintenant, silence... l'organiste se rapproche de nous. Elle a dû s'apercevoir que nous parlions d'elle.

XV

CE QU'ON TROUVE EN LISANT UN BRÉVIAIRE

PRÈS le départ de M. Gousselet, le curé de Vimeux avait pris son bréviaire et était descendu dans son jardin. C'était un terrain carré, assez vaste, entouré de murs très hauts, coupé de larges allées couvertes de sable fin et bordées de haies de buis. Une partie était plantée d'arbres à fruits et de massifs de lilas, de seringats et de faux ébéniers, sous lesquels croissaient en quantité des framboisiers et des groseilliers. C'est parmi ces arbustes, sous leur frais ombrage, que M. Saugerot aimait à se promener, l'été, la tête nue selon son habitude, bravant la pluie, pour ne pas être incommodé par les rayons du soleil. Dans l'autre moitié de son jardin, le curé, aidé de sa sœur, Mlle Félicité, cultivait les plantes potagères à son usage. Pour les fleurs, on en voyait un peu partout; — il laissait au bon Dieu le soin de les faire pousser; le vent et les oiseaux les semaient, le soleil et la pluie faisaient le reste; elles n'étaient pour cela ni moins belles ni moins parfumées, ce qui n'empêchait pas M. Saugerot de les arracher sans pitié, du moment qu'elles pouvaient nuire au développement d'un légume.

M. le curé fit le tour du jardin, son bréviaire ouvert sous les yeux, mais sans comprendre un mot des phrases latines qu'il lisait ou plutôt qu'il récitait, car depuis longtemps, il savait ses offices par cœur. Nous ne voulons pas dire à nos lecteurs que M. Saugerot était un ignorant, non; mais nous tenons à leur prouver qu'un prêtre en disant des prières peut avoir l'esprit occupé d'autres choses, et peut très bien oublier Dieu pour songer au diable.

Le curé de Vimeux avait deviné la pensée de son digne ami M. Gousselet, et, sans bien se rendre compte de ses impressions, le projet de mariage conçu par le maire le contrariait.

— Comme il y va, comme il y va, se disait-il en parlant du maire; marier mon organiste, mon organiste, avec son fils... Sait-il si cela me conviendra? Toujours avare... les quarante mille francs en dépôt chez Mimard l'éblouissent, l'attirent. Comment n'ai-je pas eu, le premier, l'idée de marier Emérance? Je la trouvais jeune; elle est presque une enfant encore malgré sa grande raison, dix-sept ans et quelques mois... Elle a souffert de bonne heure, le malheur l'a bien mûrie.

Ces diverses réflexions étaient entremêlées de versets et d'oremus.

— Prendre une femme pour sa dot, c'est abominable continuait-il, je ne souffrirai pas cela, je dois m'y opposer. Gousselet possède une belle fortune, il n'a qu'un fils qu'a-t-il besoin d'augmenter son avoir? Si Emérance doit se marier, n'est-il pas plus juste qu'elle enrichisse un mari pauvre? Je suis persuadé que telle a été la pensée de Ducray et que le sage et impénétrable Mimard partagera mon opinion.

Comme on peut le voir, la question des sentiments de la jeune fille inquiétait fort peu M. Saugerot. Ce qui lui déplaisait surtout, dans le projet du maire, c'est que lui, le curé, étant en quelque sorte le protecteur et le tuteur de l'organiste, n'avait pas encore songé à lui choisir un mari. Mlle Burner appartenait à son église, lui seul, par conséquent, avait le droit de s'occuper de son avenir; et, intérieurement, il ne pardonnait pas au maire l'importance qu'il prenait devant l'organiste, ni l'espèce d'autorité qu'il se donnait sur elle. M. Saugerot était excessivement jaloux de ses droits et prérogatives, réels ou non; empiéter sur eux, était lui faire subir une humiliation d'autant plus cruelle, qu'il voulait être plus absolu dans son pouvoir. Le maire allait trouver en lui une opposition terrible; malheureusement, cette volonté contraire ne devait pas servir à défendre Émérance, comme nous le verrons plus tard.

Quoiqu'il ne se l'avouât point, dans la considération que M. Saugerot avait pour l'organiste, la dot léguée par le vieux garçon était pour beaucoup. A lui, comme au maire, elle causait des éblouissements, et il s'était dit plus d'une fois que celui qui épouserait Mlle Burner serait un heureux mortel. Étrange bizarrerie des sentiments humains! On aurait présenté au curé un indifférent comme le futur mari d'Émérance qu'il l'eût peut-être accepté sans difficulté; mais il s'agit d'un jeune homme qu'il connaît, qu'il voit chaque jour, du fils d'un ami, et le voilà devenu intraitable; tout brillant qu'il est, ce parti ne lui convient pas. Pourquoi? Il n'en sait vraiment rien. Il cherche de bonnes raisons pour renverser le projet du maire et n'en trouve que de mauvaises. Mais M. Saugerot est homme à faire triompher sa volonté quand même. Pendant qu'il continue à lire son bréviaire, sa pensée travaille et fait la chasse à une idée.

Tout à coup, il s'arrête, ferme son livre et s'écrie:
— J'ai trouvé.

M. Saugerot revint chez lui aussitôt et appela sa sœur.
— Félicité, lui dit-il, vous irez de suite chez Joseph Hardi et vous lui direz qu'il vienne à la cure immédiatement; je l'attends.

Mlle Félicité s'empressa de mettre une coiffe blanche, de jeter un fichu d'indienne sur ses épaules et de partir.

Joseph Hardi était un jeune homme de vingt-six ans, grand comme un tambour-major, fort comme un Turc, ayant une belle tête sur les épaules bien carrées, mais pas beaucoup de cervelle. Son peu d'intelligence lui avait valu d'être remarqué et choisi par M. Saugerot, quelques années auparavant, pour remplir, dans l'église Saint-Georges de Vimeux, les fonctions de sacristain. On lui donnait aussi le titre pompeux de marguillier, ce qui ne le flattait pas beaucoup, car il en ignorait la signification. Il préférait qu'on l'appelât le carillonneur; il excellait, en effet, dans ce genre de sonnerie. Amoureux de ses trois cloches, comme Quasimodo l'était du bourdon de Notre-Dame de Paris, il éprouvait une sorte de volupté quand, les veilles de grandes fêtes, les jours de mariage ou de baptême, il les faisait causer ensemble.

C'est lui qui, le samedi, pour le dimanche, fourbissait les chandeliers argentés des autels; il allumait et éteignait les cierges, emplissait d'eau les bénitiers, coupait le pain bénit en petits morceaux et mettait chaque jour le vin et l'eau dans les burettes pour la messe du curé. C'était encore lui qui creusait dans le cimetière les fosses pour enterrer les morts, et qui présentait au curé la première pelletée de terre à jeter sur le cercueil.

Sa plus grande qualité était une obéissance passive à tous les ordres du curé. Content de la docilité, M. Saugerot l'en aimait davantage. Le carillonneur n'était pas un ingrat; l'amitié du curé le rendait heureux et même un peu fier, car il prenait parfois un petit air de supériorité sur les autres qui ne paraissait pas trop ridicule, grâce à sa force physique qui imposait. Il s'était attaché à M. Saugerot comme le chien à son maître; il était devenu son instrument, sa chose. En s'habituant à agir, à ne penser que d'après la volonté du prêtre, il s'était en quelque sorte annulé, il n'agissait et ne pensait plus par lui-même.

Son visage était baigné de sueur lorsque, la casquette à la main, il se présenta sur le seuil de la chambre de M. Saugerot. De chez lui à la cure, il n'avait fait qu'un bond.

— Monsieur le curé m'a fait demander? dit-il.
— Oui, Joseph. Voilà une chaise, asseyez-vous.

Joseph s'assit aussitôt et posa sa casquette sur ses genoux.

— Vous êtes tout en nage, Joseph, essuyez votre visage, Joseph. Vous avez couru, il ne le fallait pas.
— C'était pour arriver plus tôt, dit le carillonneur en épongeant avec son mouchoir l'eau qui mouillait son front et ses joues.
— Je le crois, fit le curé en souriant.
— Joseph, reprit M. Saugerot, depuis que votre pieuse mère est morte, vous êtes seul au monde; vous aviez pour elle une sainte affection. Aujourd'hui vous devez souffrir de ne plus avoir personne à aimer.
— C'est vrai, dit le sacristain, qui laissa tomber une larme.
— Vous n'êtes pas heureux, Joseph.
— Je ne dis pas cela, monsieur le curé; grâce à vos bontés, je me trouve très heureux, au contraire.
— Très heureux, c'est beaucoup dire Joseph. Il n'y a de félicité parfaite, vous le savez, que celle qui nous attend tous auprès de notre père céleste.
— C'est vrai, monsieur le curé, je ne suis pas heureux.
— En attendant les récompenses qu'il promet à ses élus,

Dieu ne leur défend pas de chercher un peu de bonheur sur la terre. J'ai songé à cela, pour vous, Joseph; il faut vous marier.
— Me marier! s'écria le carillonneur en ouvrant de grands yeux.
— Oui, vous marier, accentua M. Saugerot.
— Je me marierai, monsieur le curé; seulement...
— Faites vos observations.
— Je ne sais pas où je trouverai une femme.
— Ceci n'est pas votre affaire; je me suis chargé de la trouver, moi.
— Monsieur le curé est trop bon et... je n'ai plus rien à dire.
— Ainsi, vous êtes satisfait?
— Je suis satisfait?
— Vous ne dites pas cela bien franchement, Joseph; vous êtes embarrassé, tenez, je vous vois rougir. Quelle est votre pensée? Répondez.

Le carillonneur s'agita sur sa chaise; il devenait de plus en plus embarrassé; sa casquette faisait toutes sortes d'évolutions dans ses mains.

Les sourcils de M. Saugerot commençaient à s'abaisser sur ses yeux, ce qui signifiait clairement qu'il allait perdre patience.

— Répondez donc, Joseph, ordonna-t-il encore.

Cette fois il n'y avait plus d'hésitation possible.
— C'est que je n'ose vous l'avouer... balbutia le pauvre carillonneur tout tremblant.
— Est-il une pensée ou action mauvaise qu'on doive cacher? Voyons, qu'est-ce que vous n'osez pas avouer?
— Une peur, répondit le sacristain.
— Une peur! répéta M. Saugerot.
— Oui, à propos de ma femme.
— Oh! oh! pensa le curé; que veut-il dire.

Il reprit à haute voix et avec curiosité:
— Voyons, Joseph, voyons quelle est votre peur à propos de votre future.
— Eh bien, monsieur le curé, je ne voudrais pas qu'elle fût trop vieille ni trop laide, car on est méchant à Vimeux; je servirais de risée à tout le monde.

Le curé, qui s'attendait à quelque mystérieuse confession, ne put s'empêcher de rire malgré son désappointement. Mais, reprenant vite sa gravité:
— Rassurez-vous, Joseph, dit-il, votre femme sera jeune et même jolie.

Le visage du carillonneur retrouva aussitôt toute sa sérénité.
— Jeune et jolie, fit-il; il ne lui manque plus que d'être riche.

L'instinct du paysan se réveillait en lui.
— Comme vous, Joseph, elle gagne son pain de chaque jour en travaillant, de plus elle nourrit sa mère. Un homme sage ne peut demander mieux à sa femme.
— C'est vrai, monsieur le curé.
— Maintenant, je n'ai plus qu'à vous la nommer: c'est Mlle Émérance Burner.
— L'organiste! exclama le carillonneur en faisant un bond sur sa chaise.
— Elle-même, dit froidement M. Saugerot.

Le sacristain ouvrit des yeux énormes qu'il fixa sur le curé avec une expression étrange. Après avoir rougi, il pâlissait. Il voyait rose, bleu, violet, vert, orange. Sa bouche restait ouverte sans voix; tout son corps frissonnait; il était comme en extase. Il toucha ses bras, ses mains, son nez, ses yeux, sa tête, afin de s'assurer que c'était bien à lui, Joseph Hardi, que M. le curé donnait pour femme Mlle Burner.

Il finit par se convaincre qu'un autre n'avait pas pris sa place en face de M. Saugerot.
— Ah! monsieur le curé, monsieur le curé! dit-il en se levant.
— Eh bien, Joseph?...
— Ce que vous venez de me dire...
— Vous fait plaisir, je le vois.
— Ce que ça me fait, je ne saurais l'expliquer. Ça me serre là, continua-t-il en posant sa main sur sa poitrine.

Et il se mit à pleurer comme un enfant.
— Joseph, Joseph, calmez-vous, dit M. Saugerot, qui ne comprenait plus.
— Oui, monsieur le curé, oui.

Mais au lieu de se calmer, le sacristain sanglotait.
— Voilà une sensibilité bien singulière, pensait M. Saugerot. Voyons, Joseph, reprit-il, un homme ne doit pas pleurer ainsi. Qu'avez-vous?
— Je ne sais rien. J'essaye de me retenir, je ne peux pas. J'éprouve une grande joie et j'étouffe.
— Ce ne sera rien, fit M. Saugerot.

Il ouvrit la porte de sa chambre et appela:
— Félicité!

La vieille demoiselle accourut aussitôt.
— Ma sœur, dit-il, emmenez Joseph dans la salle à manger; vous lui servirez une aile de poulet et une bouteille de vin vieux. Cela vous remettra le cœur, Joseph, ajouta-t-il en frappant familièrement sur l'épaule du sacristain.

Joseph suivit Mlle Félicité, s'assit à table, essaya de manger sans pouvoir y réussir et s'en alla, laissant l'aile du poulet intacte, après avoir avalé un demi-verre de vin.

M. Saugerot dressait déjà ses batteries pour le combat qui allait s'engager entre lui et M. Gousselot.

XVI

LE CHÊNE DES AMOUREUX

Après une journée de repos, qui avait suffi pour rétablir ses forces, Adrien avait repris ses travaux.

Les témoins de ce qui s'était passé au pont romain ayant des motifs pour n'en point parler, l'aventure ne fut connue de personne. On sut seulement qu'Adrien s'était promené toute une soirée en compagnie de l'organiste; mais comme il n'y avait rien en cela qui pût donner prise aux bavardages, on n'y fit pas grande attention. Quant à ceux qui l'avaient vu revenir pâle, épuisé, soutenu par Antoine, ils purent supposer qu'il avait fait une chute ou qu'il s'était trouvé subitement indisposé. Le fourrier, interrogé à cet effet, eut soin, d'ailleurs, de confirmer cette dernière supposition. Seul, le père Pommier flaira quelque chose de mystérieux; mais, comme, malgré son esprit inventif, il ne trouva pas matière à broder une histoire amusante, il garda le silence.

Chaque jour, quand la soirée promettait d'être belle, Émérance avait l'habitude de sortir vers deux heures pour prendre un peu d'air et de soleil.

Quelquefois sa mère l'accompagnait. Elle dirigeait ses pas indifféremment, de l'un ou de l'autre côté du village. Ce qu'elle cherchait, avant tout, c'étaient les sentiers solitaires bordés de haies au milieu des champs, le silence de la campagne, des horizons à perte de vue, des sites pittoresques, sauvages, ou des paysages gracieux, animés et éclairés par des flots de lumière.

Le surlendemain de la visite au pont romain, elle était sortie, seule, à son heure ordinaire. La chaleur était grande, l'atmosphère lourde; les brises dormaient. Cependant, pas un nuage n'altérait la pureté du ciel; le soleil, dans tout son éclat, faisait ruisseler dans la plaine l'or de ses rayons.

Sans s'apercevoir qu'elle laissait le village loin derrière elle, Émérance, l'esprit rêveur, marchait à travers les sillons. De graves pensées l'occupaient, car elle songeait à l'avenir, c'est-à-dire à l'inconnu. Craintive et n'osant regarder trop loin, elle interrogeait l'avenir et lui demandait son secret. Bonheur, répondait-il. L'organiste, en effet, ne pouvait y voir autre chose: après une existence bien tourmentée, le repos de sa mère et le sien étaient assurés; elle se savait sympathique aux personnes de qui elle dépendait, des autres elle se sentait aimée; autour d'elle ne lui apparaissaient que des visages souriants. Pourquoi s'inquiéter, alors? Émérance se faisait cette question et ne pouvait la résoudre.

Elle marchait depuis longtemps déjà. La terre, grillée par le soleil, brûlait ses petits pieds chaussés de bottines légères. Elle se sentait fatiguée et chercha, du regard, un endroit ombragé où elle pût s'asseoir et se reposer un instant. On voyait de tous côtés des arbres et des buissons; mais la jeune fille ne se trouvait qu'à une faible distance d'un bosquet resté debout après le déboisement de la colline, elle se dirigea de ce côté. A l'angle du bois, un chêne majestueux, séparé de la futaie par un espace essarté, attira l'attention d'Émérance.

L'épais feuillage de ses longues branches épandait autour de lui une ombre qui se riait des rayons du soleil. A l'entour de son énorme tronc, des bras robustes avaient dressé de grosses pierres carrées sur lesquelles on pouvait s'asseoir. La terre, foulée partout, témoignait des fréquentes visites qu'on faisait à l'arbre. Émérance put lire une quantité de noms grossièrement gravés dans son écorce solide. Elle fit le choix d'une pierre et s'assit.

Un léger bruit venant du bois frappa tout à coup son oreille; elle regarda et ne put réprimer un cri en voyant paraître Adrien. Le regard du jeune homme avait rencontré celui de l'organiste, et, confus d'embarras, il s'était arrêté n'osant venir à elle, ni rentrer dans le bois. Mais Émérance était seule; depuis deux jours, il désirait lui parler sans témoins, savoir s'il était aimé; l'occasion était trop belle pour qu'il la laissât échapper.

Aussi, après un moment d'hésitation, il surmonta sa timidité et s'approcha.

— Vous êtes venue bien loin, mademoiselle, dit-il d'une voix émue.

— Je m'en aperçois à ma fatigue, répondit la jeune fille. Suis-je donc réellement très éloignée de Vimeux?

— D'une lieue et demie, à peu près.

— Vous m'effrayez, monsieur Adrien. Lasse comme je le suis, je ne pourrai peut-être pas regagner le village avant la nuit.

— Oh! le soleil a encore du chemin à parcourir. D'ailleurs, je suis près de vous; je ne vous abandonnerai pas.

— C'est juste, dit Émérance en souriant. Me voilà rassurée. Quel est le nom de ce bois, monsieur Adrien?

— Le bois des Charmés, mademoiselle.

— Il est, en vérité, bien nommé, car il me plaît infiniment.

— C'est la promenade aimée des jeunes gens. Solitaire et silencieux dans la semaine, le dimanche il est plein de chansons et de rires joyeux. Il se trouve à une distance à peu près égale de trois villages. La jeunesse de ces communes s'y rencontre, fraternise. Les jours de fêtes, deux musiciens, un violon et une clarinette, montent sur ces pierres, et font danser les filles et les garçons. Des relations s'établissent, et c'est ainsi que se marient la plupart des jeunes filles de Vimeux. Vous n'avez peut-être pas remarqué les noms que voilà, écrits sur le tronc de ce chêne.

— Pardon, je les ai lus, au contraire, avec beaucoup de curiosité.

— Eh bien, ces noms, pris deux par deux, vous disent le nombre des mariages qui se sont faits entre jeunes gens s'étant vus pour la première fois au bois des Charmés. Les personnes qui portaient les premiers noms gravés sur l'arbre sont mortes depuis longtemps; mais leur exemple a été suivi; il est devenu un usage auquel on n'essaye pas de se soustraire.

— Tout cela est charmant, dit Émérance.

— Maintenant, reprit Adrien, vous pourriez deviner comment nous appelons l'arbre au pied duquel vous êtes assise.

— L'arbre des mariages, dit gaiement la jeune fille.

— C'est bien un peu cela: nous l'appelons le chêne des amoureux. Une vieille histoire, une légende s'y rattache...

— Vous me la raconterez, monsieur Adrien.

— Je ne saurais le faire convenablement, mademoiselle, car, bien que l'ayant entendu raconter plus d'une fois, je ne me souviens pas exactement des détails.

— C'est contrariant, dit la jeune fille.

— Je ne suis pas heureux, dit Adrien avec tristesse. Pourquoi ne puis-je toujours vous être agréable? Un de vos désirs à peine exprimé qu'il devient un ordre pour moi; pourtant, cette fois, vous le voyez, je ne puis vous satisfaire toujours.

— L'ami le plus dévoué, monsieur Adrien, aurait beaucoup à faire s'il se considérait comme ayant des ordres à exécuter toutes les fantaisies d'une capricieuse.

— Vous n'êtes point capricieuse, mademoiselle; mais vous le seriez, que je ne me ferais pas moins un bonheur de vous obéir. Si vous saviez comme je me trouve heureux lorsque, dans un de vos regards, je lis que vous êtes contente?... Entendre votre voix, vous seulement sourire, sont les joies qui m'arrivent. Mais si vous me parlez, si votre sourire s'adresse à moi, oh! alors c'est le ciel que vous m'ouvrez.

Émérance écoutait; elle laissait pencher sa tête gracieuse pour dérober une partie de son trouble aux regards ardents du jeune homme.

— Depuis que vous êtes à Vimeux, poursuivit Adrien, depuis le jour où vous m'avez dit: « Voulez-vous être mon ami? » j'ai compris la vie d'une manière toute différente; j'ai pu avoir des heures de défaillance et d'égarement, pendant lesquelles mes nouvelles croyances furent menacées; mais une clarté lumineuse m'éclairait, et je n'ai jamais douté de mon cœur...

Ici la voix d'Adrien baissa d'un ton et devint tremblante.

— Il est vrai qu'il ne m'appartenait plus, continua-t-il. Vous le possédiez tout entier, mademoiselle; il était malade, mauvais, peut-être, en vous en emparant, vous l'avez rendu meilleur, vous l'avez guéri. Autrefois, Émérance, vous m'avez offert votre amitié; je l'ai acceptée. Aujourd'hui je vous demande le bonheur, me le donnerez-vous?

La jeune fille tressaillit et jeta un regard rapide du côté du bois.

— Monsieur Adrien, dit-elle, je viens d'entendre là, près de nous, un bruit de feuilles froissées.

— Un bruit quelconque a pu venir à vos oreilles, répliqua le jeune homme avec tristesse, mais vous avez dû entendre aussi mes paroles et vous ne me répondez pas.

— Monsieur Adrien, dit-elle, avant-hier, quand vous avez risqué imprudemment votre vie, en vous voyant meurtrir vos mains aux angles des pierres, en écoutant les grondements furieux du torrent qui pouvait vous engloutir, je sentis mon sang se glacer, il me semblait que la vie m'ait m'abandonner. Vous m'avez fait comprendre combien est sincère votre affection pour moi et jusqu'où peut aller votre dévouement. Je ne songe pas à le nier, cette affection me rend heureuse; quant au dévouement, une femme est toujours fière de celui qu'elle inspire. Votre mère et la mienne, sont amies, monsieur Adrien ; ce soir, devant elles, répétez les paroles que vous venez de me dire ; ma mère, pour qui je n'ai rien de caché, complétera ma réponse.

Le jeune homme allait répliquer et, dans les élans de sa joie, augmenter encore l'embarras de l'organiste, lorsque, soudain, les branches d'un noisetier s'écartèrent et un homme sortit du bois.

Emérance poussa un petit cri d'effroi, et son premier mouvement fut de se serrer contre Adrien.

Mais elle ne tarda pas à se rassurer en reconnaissant M. Mimard.

La physionomie du notaire était moins grave qu'à l'ordinaire ; il souriait. Avait-il entendu la conversation des jeunes gens ? C'est ce que l'organiste et Adrien auraient pu voir dans son sourire, affectueux et malicieux tout à la fois.

Il s'approcha, rendit à Adrien son salut, et tendant la main à Emérance :

— Est-ce que mademoiselle Burner, dit-il, est venue ici pour graver son nom sur le chêne des amoureux ?

— Je suis venue m'asseoir sous cet arbre pour me reposer seulement, monsieur Mimard. M. Mathié m'y a trouvée et a bien voulu s'arrêter un instant pour me tenir compagnie.

— Adrien n'a fait que son devoir, mademoiselle ; si j'étais arrivé le premier, comme lui, j'aurais profité du hasard d'une rencontre aussi heureuse. Mais, ajouta-t-il en souriant, ma conversation vous eût paru, sans doute, moins intéressante que celle de M. Mathié.

— Pourquoi pensez-vous cela ? demanda Emérance.

— Mon Dieu, c'est bien simple : je suis devenu un peu vieux pour causer encore avec une jeune fille, au pied du chêne des amoureux.

Emérance devina la pensée du notaire et baissa les yeux.

— Il nous écoutait, se dit-elle.

— Ce que j'ai raconté à Mlle Burner, sur le chêne des amoureux, dit Adrien l'a en effet intéressée ; mais je n'ai pu satisfaire complètement sa curiosité : elle désirait connaître la légende du chêne et je l'ai à peu près oubliée. Vous auriez peut-être été plus heureux que moi, monsieur Mimard.

— Oui, si le bonheur consistait à raconter cette légende, dit le notaire en riant. D'ailleurs, si cela peut être agréable à mademoiselle Emérance, je puis immédiatement me rendre heureux à votre manière, monsieur Mathié.

— Je vous écouterai avec beaucoup de plaisir, monsieur Mimard, dit la jeune fille.

— En ce cas, nous retournons ensemble au village, reprit le notaire. Vous offre un de mes bras à votre choix, en chemin je vous ferai le récit de la petite histoire en question.

« Je ne vous garantis pas qu'elle soit réelle ; mais vraie ou non, j'espère qu'elle vous intéressera.

« Voilà un garçon, songeait à part lui le notaire, qui ne se doute guère que j'ai dans ma caisse quarante mille francs qui peuvent être à lui. Les aura-t-il ? »

XVII

UNE PARTIE D'ÉCARTÉ CHEZ M. GOUSSELET

MONSIEUR le maire et M. le curé sont assis en face l'un de l'autre, près d'une table recouverte d'un tapis vert. Une lampe d'étain, ayant la forme d'un calice, les éclaire, à peu près, car la mèche fumeuse se carbonise et ne donne qu'une pâle et triste clarté.

La partie commence. M. Gousselet donne les cartes et tourne le roi.

— Je la marque, dit-il. Monsieur le curé, prenez garde à vous ; je vais prendre aujourd'hui ma revanche de l'autre soir.

— Nous verrons cela, papa Gousselet. — Si vous voulez ?...

— Vous m'avez gagné vingt-deux sous. — Combien de cartes, l'abbé ?

— Cinq. — Vous êtes sûr que c'est vingt-deux sous ?

— Très sûr ; je puis vous le faire voir sur mon livre de gains et pertes. Il ne sort pas un liard de ma maison que je ne sache où il va. — Une, deux, trois, quatre, cinq. Jouez, monsieur le curé.

— Trèfle. — Mimard se fait bien attendre.

— On le coupe. — C'est assez son habitude. — Pique, trois fois, et le roi de carreau. Vole.

— Je ne pouvais l'empêcher.

— Cela me fait trois points, l'abbé. A vous à donner les cartes.

M. Saugerot perdit cinq parties de suite à dix centimes la fiche, soit cinquante centimes, que le maire fit disparaître dans la poche de son gilet.

— Je n'ai pas de chance ce soir, dit le curé. Nous jouerions jusqu'à demain que je ne gagnerais pas une partie.

— Le jeu vous reviendra, continuons, reprit le maire qui tenait à regagner ses vingt-deux sous.

— Attendons Mimard.

— Soit, attendons-le.

— Êtes-vous sûr qu'il viendra ?

— Il me l'a promis.

— C'est un homme si occupé...

— Ses grandes occupations ne l'empêchent pas de trouver le temps de courir les champs avec l'organiste.

— Que me dites-vous là, Gousselet ?

— Ce qui est, l'abbé. Mimard s'est promené aujourd'hui même, pendant plus de deux heures, en compagnie de Mlle Burner.

— Seul avec elle ?

— Et une troisième personne.

— Mme Burner ?...

— Non, un jeune homme.

— Un jeune homme ! exclama le curé. Qui donc, qui donc ?

— Le fils Mathié.

— Oh ! oh ! pensa M. Saugerot, Adrien songerait-il ?...

— Ce n'est pas la première fois, continua M. Gousselet, que ce garçon sort avec l'organiste. Entre nous, monsieur le curé, en usant de sa trop grande liberté d'action, l'organiste finira par se compromettre aux yeux de tout le monde.

— Y aurait-il déjà des commérages ?

— Oui, mais des mots en l'air, des menus propos, rien. Seulement, à Vimeux, quand on commence à parler, les choses vont vite et loin.

— C'est vrai. Ainsi vous craignez ?...

— Beaucoup.

— Pouvons-nous empêcher quelque chose à cela ?

— Sans doute ; il est de notre devoir de prévenir le mal qui peut arriver.

— C'est difficile, dit M. Saugerot ; comment empêcher les langues de parler ? Nous n'avons pas le droit de défendre à l'organiste de faire telle ou telle chose qui lui convient. L'avertir, officieusement, nous le pouvons ; mais cette démarche pourra lui paraître singulière. Sa pensée est si éloignée du mal qu'elle ne comprendra jamais que ses actions les plus innocentes et sa conduite toute naturelle puissent être incriminées par l'opinion de certaines gens.

— Il y a une chose à faire qui vaut mieux que tout cela, reprit M. Gousselet.

— Voyons votre idée ! dit le curé.

— Il faut la marier.

— Je l'attendais là, se dit M. Saugerot.

Et un imperceptible sourire glissa sur ses lèvres.

— Voilà une idée vraiment lumineuse, reprit-il.

— N'est-ce pas ? dit le maire tout heureux de l'approbation du curé.

— Malheureusement, fit M. Saugerot, Mlle Burner est encore trop jeune.

— Trop jeune, s'écria le maire, mais elle a dix-huit ans ! C'est l'âge qu'avait ma femme quand je l'ai épousée ; encore, si on avait voulu l'écouter, je serais devenu son mari deux ans plus tôt. Permettez-moi de vous le dire, monsieur le curé, vous ne connaissez pas les femmes.

— Je n'ai jamais eu, comme vous, l'occasion de les étudier, dit M. Saugerot avec ironie.

— C'est juste ! Je disais donc qu'à dix-huit ans, une jeune fille a grandement l'âge d'être mariée. On en a vu plus d'une se marier à quinze et même à quatorze ans.

— Je vous l'accorde, mais ce sont des exemples extrêmement rares en France. En général, dans nos campagnes, les jeunes filles ne se marient que de vingt-cinq à trente ans.

— C'est vrai, et c'est malheureux pour elles et pour le pays.

— Pourquoi cela ?

— Parce que, à quarante ans, une femme est vieille. Ne cherchons pas une autre cause au décroissement de la population dans les campagnes. Toutes les filles devraient être forcées de se marier avant vingt ans.

— Encore faudrait-il qu'elles trouvassent toutes des maris, dit M. Saugerot en riant.

— Depuis nos grandes guerres les hommes ne manquent plus. Mais j'entends la voix de Mimard ; je suis persuadé qu'il sera de mon avis.

Le notaire causait, en effet, dans la pièce voisine avec Mme Gousselet. Après lui avoir demandé si les tulipes étaient fleuries et s'être informé de la santé de ses jeunes couvées — deux questions obligées qui attendrissaient la brave femme — M. Mimard entra dans le salon où l'attendaient avec impatience le maire et le curé.

— Eh quoi ! fit-il ; je suis convié à un combat à outrance, les cartes à la main, et je les vois qui sommeillent sur le tapis !...

— Gousselet m'a déjà vaincu, dit le curé. Je me suis bien aperçu que vous n'étiez pas là pour me défendre.
— Et puis, reprit le maire, nous discutons... sérieusement.
— Mon cher Gousselet, vous ne devez pas avoir l'avantage à ce jeu-là, dit le notaire en s'asseyant. M. le curé est notre maître à tous deux.
— Eh bien, c'est ce qui vous trompe, et je suis sûr que vous allez mettre la raison de notre côté.
— Papa Gousselet, c'est mal ce que vous faites: vous influencez le juge, dit le curé d'un ton railleur.
— De quoi s'agit-il? demanda le notaire, devenant grave comme s'il se fût disposé à écouter la dictée d'un testament.
— Voici. Ecoutez-moi bien, Mimard.
— De mes deux oreilles, mon cher Gousselet, parce que je n'en ai pas trois pour vous entendre.
M. Saugerot souriait et regardait le maire de côté en clignant d'un œil.
— Mon cher Mimard, reprit M. Gousselet, une demoiselle doit-elle se marier jeune ou vieille?
— Quand elle trouve, répondit le notaire.
— Vous ne m'avez pas compris, fit le maire. Je vous demandais si une jeune fille doit se marier à vingt ans, par exemple, ou attendre qu'elle en ait vingt-huit ou trente.
— Si elle n'est pas trop pressée, qu'elle attende vingt-huit ou trente ans; une femme connaît toujours assez tôt les tourments de la vie conjugale. Grande est la quantité de celles qui voudraient être encore au matin de leur mariage pour dire: Non, devant l'écharpe du maire. Une jeune fille de vingt ans est naturellement moins fanée qu'une demoiselle de trente ans; mais aussi combien elle connaît moins de choses! La première est encore naïve, un peu niaise, si le mot ne vous déplaît pas; la seconde est déjà prude. L'une ignore, l'autre sait. Celle-là est une enfant dont il faut faire une femme; celle-ci est une femme qui peut se dispenser de recevoir des leçons, elle peut en donner. De cela je tire cette conclusion: Une demoiselle est mariable aussi bien à vingt qu'à trente ans. Du reste, je laisse à chaque épouseur la liberté de choisir, suivant son goût et son raisonnement personnels, la demoiselle dont l'âge lui conviendra le mieux.
— Vous le voyez, l'abbé, j'ai raison! s'écria M. Gousselet, qui n'avait pas compris grand'chose à la tirade du notaire.
— Et moi aussi, dit le curé toujours riant.
— Vous l'entendez, Mimard? M. Saugerot n'avoue jamais qu'il a eu tort.
— Excepté quand il a raison, et cela ne peut vous faire plaisir, mon cher Gousselet. Maintenant, je voudrais être au courant de votre discussion. A quel propos est-elle venue?
— Nous parlions de Mlle Burner.
— Oh! fit M. Mimard.
— Je disais à M. le curé que nous ferions bien de la marier.
— Alors, M. le curé a répondu?...
— Qu'elle était trop jeune. Admettez-vous cela?
— J'admets qu'elle est jeune, répondit le notaire en jetant un coup d'œil rapide et profond sur le curé; mais si un mari se présentait pour elle, je ne vois pas que sa jeunesse puisse empêcher le mariage.
Le maire lança à M. Saugerot un regard superbe.
— Le curé a essayé d'une opposition pour faire parler le maire, se dit M. Mimard; il doit avoir sous la main, lui aussi, un mari qu'il destine à l'organiste. La prédiction de Ducray va s'accomplir.
— Vous êtes deux contre moi, dit M. Saugerot; je me laisse convaincre.
— Ainsi nous marions Émérance! s'écria le maire.
— La réponse de M. Mimard dicte la mienne, reprit le curé. Je consens.
— Tout cela est fort bien, objecta le notaire; mais il faut un mari.
— Nous le trouverons, dit le curé.
— Oui, nous le trouverons, répéta le maire.
— Je vous laisse ce soin, messieurs, reprit le notaire, car je me reconnais inhabile à négocier ces sortes d'affaires. Seulement, si rien ne s'y oppose, vous me ferez plaisir en m'apprenant le succès de vos démarches.
— Vous saurez tout, dit le maire.
— Faites-moi donc compter prochainement la dot de l'organiste.
— Ces paroles chatouillèrent agréablement les oreilles de M. Gousselet. M. Saugerot, devenu silencieux, réfléchissait. Le notaire, toujours grave, ne cessait d'étudier froidement ses deux amis. Depuis longtemps, d'ailleurs, la pensée du maire lui était connue, et il venait de deviner celle du curé.
— Que va-t-il se passer? se disait-il. Pauvre Émérance! Je voudrais bien... C'est impossible: j'ai promis à Ducray de n'intervenir en rien. Attendons. On ne peut empêcher le fleuve de courir à la mer. Ce qui doit arriver est écrit.
Maître Mimard était fataliste.

— Vous avez vu Mlle Burner aujourd'hui? demanda M. Saugerot au notaire.
— Oui, j'ai même causé fort longtemps avec elle.
— On m'a dit cela. Vous avez fait une promenade ensemble?
— Une promenade, non; mais un chemin assez long. J'ai rencontré Mlle Burner près du bois des Charmes, elle était très fatiguée; je me suis montré galant, contre mon habitude, et l'ai priée de prendre mon bras pour revenir à Vimeux.
— Voilà tout?
— Mon Dieu, oui, fit le notaire, qui ne parut pas remarquer que M. Saugerot avait une arrière-pensée.
— J'ai été mal renseigné, reprit le curé; on m'avait dit autre chose encore.
— Quoi donc? demanda M. Mimard avec un étonnement parfaitement joué.
— Oh! cela n'a aucune importance, répondit M. Saugerot; on m'avait dit qu'un jeune homme...
— Adrien Mathié ne se doute pas que cette nuit 1 troublera le sommeil de M. le curé, pensa le notaire.
Il reprit tout haut:
— Le fils de la veuve Mathié; ma foi, je ne me souvenais pas que nous l'avions rencontré près du village et qu'il y était revenu avec nous.
— Croyez-vous, Mimard, qu'il n'attendait pas l'organiste?
— Je crois que Mlle Burner ne se fait attendre par personne au milieu des champs.
— D'une chose fort simple, on fait souvent une grosse affaire à Vimeux, vous le savez. On a vu une ou deux fois Adrien Mathié sortir avec Émérance; il n'en faudrait pas davantage...
M. Saugerot s'interrompit un instant.
— Pour faire supposer, continua-t-il, qu'il existe entre l'organiste et ce jeune homme une intimité trop grande.
— Quand on n'a aucun reproche à s'adresser, répliqua le notaire, on doit se moquer de ce que pensent les sots et les méchants.
— Soit, mais le mal qu'ils font est souvent irréparable. Espérons qu'il n'arrivera rien de fâcheux à Mlle Burner.
— Espérons-le, dit le notaire.
— Roi de cœur, valet de pique, pique, pique, pique! cria tout à coup M. Gousselet.
Le notaire et M. Saugerot se regardèrent en souriant.
— Le roi, le roi, le roi, je gagne! continua le maire.
La tête renversée sur le dos de son fauteuil, le cher homme dormait et rêvait de tout son cœur.
— Comme il s'est intéressé à ce que nous venons de dire! fit le curé.
— Gousselet est un sage, monsieur Saugerot, répliqua le notaire; imitons sa superbe indifférence et que cette nuit les promenades de l'organiste et ce qu'on en pense à Vimeux ne nous empêchent pas de dormir.
— Oh! cela ne m'inquiète pas à ce point, dit M. Saugerot en touchant l'épaule du maire.
Le gros homme bâilla, ouvrit les yeux avec effort et regarda ses deux amis comme s'il eût été surpris de les trouver près de lui.
— Tiens, je me suis endormi, fit-il avec un second bâillement. J'ai fait un rêve singulier, continua-t-il; nous jouions ensemble, l'abbé...
— Et vous me gagniez? dit le curé en riant.
— Du tout. C'est Mimard, qui ne jouait pas, qui nous gagnait tous les deux.
— C'est merveilleux, reprit le curé d'un ton narquois. Votre songe, papa Gousselet, est plus difficile à expliquer que ceux du roi Pharaon.
— Il n'est que deux heures, dit le maire en regardant son horloge; si nous reprenions, à trois, notre partie?
— Mimard se laisse-t-il tenter? demanda le curé.
— Battez les cartes, répondit le notaire.
A minuit, quand les trois amis se séparèrent, maître Mimard avait gagné un franc trente centimes. Le maire, avant de se coucher, prit son livres de gains et pertes, sur lequel il écrivit: Perte du jour, huit sous.
— Je ne devrais jamais jouer, dit-il avec un soupir; je me ruine au jeu. Peste soit du roi Charles VII, ajouta-t-il avec humeur. S'il n'était pas né, il ne serait pas devenu fou, on n'aurait pas inventé les cartes pour l'amuser, et moi, aujourd'hui, je n'aurais pas perdu huit sous, le prix d'une douzaine d'œufs.

XVIII

LES EMBARRAS DE MADAME BURNER

C'ÉTAIT un dimanche. Quoiqu'il eût la douce habitude de faire grasse matinée le septième jour de la semaine, M. Gousselet, le dimanche dont nous parlons, se leva en même temps que le soleil ; ce n'est pas qu'il eût dormi beaucoup pendant la nuit ; son sommeil, au contraire, avait été très agité, et il s'était éveillé longtemps avant le jour. C'est qu'une grande préoccupation bouleverse son esprit. Il cherche à rédiger la formule d'une demande en mariage et il ne trouve rien qui le satisfasse.

— Il faudra pourtant que je trouve s'écrie-t-il, car aujourd'hui même, après la messe, je veux faire ma demande.

Il se fit servir, dans sa chambre, un grand bol de vin chaud, sucré, afin de pouvoir attendre l'heure du déjeuner ; puis il sortit sur la terrasse, espérant y être tranquille. Il se trompait. Son adjoint vint le déranger presque aussitôt.

— Vous venez me voir de bien bonne heure, dit le maire. Qu'avez-vous donc à me dire ?

— Qu'il faut assembler le conseil demain matin ; il y a urgence.

— Pourquoi cela ?

— Ce sont les sangliers, monsieur le maire. Ils descendent des Ardennes. Avant huit jours, nos campagnes seront entièrement dévastées si on n'y met ordre.

— Demain, nous réunirons le conseil ; nous aviserons, il faut délibérer sans retard. Ah ! des sangliers ! J'en mangerais avec plaisir.

L'adjoint parti, M. Gousselet se crut débarrassé des affaires administratives ; mais il n'avait pas eu le temps de faire une réflexion, lorsqu'il vit paraître le garde champêtre. Il dut écouter la lecture d'une demi-douzaine de procès-verbaux dressés les jours précédents. De plus, le garde lui parla longuement des nombreux délits et dommages qu'il avait constatés sur divers points du territoire de la commune.

En ce moment, son fils venait le chercher pour déjeuner. Enfin l'heure de la messe arriva. M. Gousselet se rendit à l'église, n'ayant pas encore trouvé le premier mot qu'il voulait dire à Mme Burner. Néanmoins, après l'office, il se présenta chez elle.

— Ma chère dame, lui dit-il, voulez-vous m'accorder un moment d'entretien ?

Mme Burner, habituée aux allures singulières de M. Gousselet, ne s'étonna pas d'abord ; elle lui offrit un siège en disant qu'elle était toute disposée à l'écouter.

Alors, M. le maire tira son mouchoir de sa poche, essuya son visage, se moucha, toussa à plusieurs reprises, et dit :

— Madame, c'est en vain que la violette se fait humble et se cache, afin de rester ignorée parmi d'autres fleurs brillantes qui attirent nos regards, son parfum si suave la révèle, et la fleur modeste est préférée à ses sœurs si fières et si coquettes. Votre charmante fille, madame Burner, ressemble à la violette : on serait tenté de croire qu'elle ignore sa beauté, tant elle s'en montre dédaigneuse. Rien n'égale sa modestie, sa douceur et sa bonté. Chez elle, les imperfections n'existent pas ; Dieu semble l'avoir créée exprès pour la vertu. Plus on la voit, plus on l'aime, et une fois qu'elle a conquis une affection, cette affection, sincère et dévouée, doit lui rester fidèle toujours.

M. Gousselet s'interrompit pour reprendre haleine et peut-être aussi pour juger de l'effet que ses paroles avaient produit sur Mme Burner. Mais la physionomie de la mère d'Emérance n'exprimait rien autre chose qu'une grande surprise. Si le commencement de la singulière tirade du maire avait amené un sourire sur ses lèvres, la suite venait pourtant la rendre inquiète et gênée, car elle en devinait la conclusion ; mais elle savait dissimuler.

— Mon Dieu, monsieur le maire, dit-elle, ma fille a certainement quelques petites qualités...

— Dites beaucoup de qualités rares et précieuses, interrompit M. Gousselet avec vivacité.

— Vous vous êtes toujours montré excellent pour ma fille, reprit Mme Burner ; je suis trop heureuse qu'elle ait su mériter votre amitié pour ne pas être flattée des éloges que vous lui adressez ; mais vous avez pris l'habitude de beaucoup exagérer ce qu'elle est.

— J'ai pour Emérance une affection de père, madame Burner, je ne puis donc la voir avec les mêmes yeux qu'un indifférent. Nous nous sommes habitués, ma femme et moi, à la voir presque chaque jour, à l'aimer comme notre enfant...

— Je suis confuse... je..., balbutia Mme Burner.

— C'est à ce point, continua le maire, que quelque chose d'absolument nécessaire manquerait à notre bonheur, si nous perdions Mlle Emérance. Mais, heureusement, rien de semblable n'est à redouter. J'ai une bonne, une magnifique idée, que j'ai fait partager sans peine à Mme Gousselet ; sa réalisation nous comblerait de joie. En même temps qu'elle assure votre tranquillité future, madame Burner, elle fait le bonheur de votre fille et ne vous laisse plus aucune inquiétude sur son avenir. Il s'agit simplement de marier Mlle Emérance à mon fils. Léon attend avec impatience le résultat de ma démarche.

Mme Burner resta un moment silencieuse. Le maire attendait une réponse, et, ne sachant comment motiver un refus qui pouvait le blesser, la veuve se trouvait dans un embarras extrêmement pénible.

— Je crois inutile de vous faire remarquer, ajouta M. Gousselet, combien ce mariage est avantageux pour Mlle Emérance. Léon aurait pu choisir une femme parmi les plus riches du canton ; mais il aime votre fille, et je suis heureux qu'il préfère à la fortune le mérite et les brillantes qualités de Mlle Burner.

— Je ne sais vraiment comment vous répondre, monsieur Gousselet, dit Mme Burner, car, quelles que soient les expressions dont je me servirai, vous comprendrez difficilement que ma fille ne consente pas à devenir la femme de M. Léon Gousselet.

Le maire fit un brusque mouvement sur son siège. Mme Burner continua :

— Nous aimons tous nos enfants, monsieur Gousselet ; ma préoccupation constante est le bonheur de ma fille ; j'ai beaucoup souffert déjà, mais souffrirais-je plus encore, je ne me plaindrais pas, si je savais ma fille heureuse. Je n'ai jamais désiré pour elle un aussi brillant parti que monsieur votre fils. Dès l'enfance, j'ai habitué ma fille à me laisser lire dans son cœur. Je puis donc vous répondre, sans avoir besoin de la consulter. Ma fille, monsieur Gousselet, n'a pas pour M. Léon cette affection vive et absolue qu'une femme doit donner à son mari quand elle veut remettre en ses mains le bonheur de toute sa vie. Je regrette infiniment d'être forcée d'accueillir aussi mal votre démarche désintéressée et une demande qui honore également ma fille et moi.

Ce que M. Gousselet éprouva de sentiments divers, devant un refus aussi nettement exprimé, ne saurait s'analyser. En écoutant Mme Burner, son visage changea de couleur plusieurs fois. Se croyant humilié, il devenait écarlate, et aussitôt la colère le faisait pâlir.

— Vous êtes, en effet, très franche, madame Burner, dit-il d'un ton très sec ; ce que vous venez de me dire me prouve qu'il n'est pas toujours bon de se laisser entraîner à des affections irréfléchies. J'accepte, puisqu'il le faut, la raison qui vous fait repousser ma demande ; elle méritait cependant un autre accueil, et je ne me doutais guère, en venant ici aujourd'hui, que je m'en retournerais avec un refus que je considère comme un affront.

En achevant ces mots, M. Gousselet se leva et se dirigea vers la porte.

— Adieu, madame, dit-il ; je vais tâcher de faire oublier à mon fils les dédains de mademoiselle votre fille. Et il partit.

— Ma pauvre enfant ! s'écria Mme Burner ; je viens de lui donner un ennemi terrible. Cet homme se croit blessé dans son orgueil, il n'oubliera jamais.

Cependant elle résolut de cacher son inquiétude afin de ne pas troubler la tranquillité d'Emérance ; elle ne voulait pas que sa fille pût soupçonner ce qui s'était passé entre elle et M. Gousselet.

Après les vêpres, Mlle Félicité, la sœur du curé, l'arrêta à la porte de l'église.

— Mon frère désire vous parler, lui dit la vieille fille, venez à la cure.

— Je devais m'y attendre, pensa Mme Burner. Le curé est l'ami du maire ; il va, lui aussi, me demander Emérance pour M. Léon. S'il le faut absolument, je lui dirai la vérité. Il est impossible qu'il ne me donne pas raison.

Elle suivit Mlle Félicité et arriva à la cure en même temps que M. Saugerot.

— Vous avez eu, tantôt, la visite de M. Gousselet, lui dit le curé.

— Oui, monsieur, répondit-elle.

— Il a dû vous demander en mariage Emérance pour son fils.

Mme Burner fit un signe affirmatif.

— Je le savais, reprit M. Saugerot.

Il devenait très agité. Ses bras, ses jambes, son visage avaient des mouvements nerveux.

— Oui, je le savais, continua-t-il. Mais, j'en suis persuadé, vous avez demandé quelques jours de réflexion ; d'ailleurs, vous ne pouviez rien décider avant de m'avoir consulté.

— Il ne sait donc pas tout ? se dit Mme Burner.

— Emérance est votre fille, madame Burner, ajouta-t-il, mais elle est aussi mon organiste; après vous, je suis le premier dont elle doit écouter les conseils. J'ai donc lieu de croire qu'elle ne se mariera pas sans mon assentiment.
— Nous savons, monsieur le curé, les égards que nous vous devons, Emérance et moi, dit Mme Burner.
— A la bonne heure. Ainsi, vous n'avez rien promis à M. Gousselet?
— Rien, monsieur.
— Vous avez bien fait, madame Burner, car Emérance ne sera pas la femme du fils du maire.
La veuve sentit quelque chose de bienfaisant passer en elle; les paroles de M. Saugerot venaient de la débarrasser d'un poids énorme qui pesait sur son cœur.
— Cependant, reprit le curé, il faut qu'Emérance se marie, et cela prochainement; c'est le désir de tous ceux qui s'intéressent à elle.
Mme Burner ne put s'empêcher de remarquer que M. le curé de Vimeux étendait un peu loin l'autorité qu'il prétendait avoir sur sa fille.
— Eh bien, monsieur le curé, répondit-elle en souriant, puisqu'il le faut, nous la marierons.
— Je suis charmé de vous trouver dans ces bonnes dispositions, madame Burner. Dès aujourd'hui, parlez donc à Emérance de Joseph Hardi; c'est le mari que je lui ai choisi.
Mme Burner reçut comme un choc violent en pleine poitrine. Une pâleur subite couvrit son visage.
— Votre sollicitude pour ma fille va loin, monsieur le curé, dit-elle en faisant des efforts pour conjurer son impression douloureuse; mais, n'avez-vous pas pensé à vous assurer d'abord s'il lui convient?
— Joseph Hardi, comme votre fille, madame, est attaché à la paroisse, répliqua M. Saugerot avec dureté. Pourquoi ne lui conviendrait-il pas?
— Pourquoi, pourquoi!... s'écria Mme Burner avec force, parce que le cœur a ses exigences. Nous agitons, ici, une question de sentiments; eh bien! je dois vous dire, monsieur le curé, que ceux d'Emérance ne se portent pas du tout de ce côté.
— Prenez garde, madame Burner, dit le curé d'un ton sévère; je vous allez me faire supposer...
— Je vous écoute, monsieur.
— Que votre fille aime déjà quelqu'un, acheva-t-il.
— Et quand cela serait, y verriez-vous du mal? dit Mme Burner avec fierté.
— Non, mais un malheur, répondit M. Saugerot.
— Un malheur pour ma fille!... s'écria Mme Burner moins effrayée que surprise.
— Et pour vous, madame, dit le curé.
— Je ne vous comprends pas, monsieur. Ma fille, je n'ai mal rien à le cacher, aime en effet M. Adrien Mathié; mais je cherche et ne trouve point le malheur que vous voyez en cela.
— Vous cherchez mal, dit froidement M. Saugerot. D'abord, je vous déclare que je ne consentirai jamais au mariage d'Emérance avec ce jeune homme.
Ces paroles mirent au comble de l'étonnement de Mme Burner. Les prétentions de M. Saugerot lui paraissaient si étranges, qu'elle se demandait si elle ne devait en rire ou s'en montrer indignée. Sa fierté se révolta.
— Je ne savais pas, dit-elle, que, pour se marier, le consentement de M. le curé de Vimeux fût absolument nécessaire à ma fille.
M. Saugerot se mordit la lèvre et devint blême.
— Elle peut fort bien s'en passer, répliqua-t-il; seulement le jour où elle se mariera sans ma permission, elle ne sera plus organiste de la paroisse. Emérance renoncera à sa place ou deviendra la femme de Joseph Hardi. C'est mon dernier mot.
En achevant de parler, il se leva et fit peser son regard irrité sur la pauvre femme, qui se courba stupéfaite et troublée. Elle sentit en ce moment tout le danger de sa position dépendante; son cœur se serra. M. Saugerot la reconduisit jusque dans la cour et la quitta en lui disant seulement: « Réfléchissez... A quoi donc? » Lui avait-il laissé un espoir? Non. Cette place sur laquelle tant de beaux rêves étaient bâtis, Emérance allait la perdre; l'avenir de la jeune fille était brisé. Il fallait reprendre une nouvelle existence de luttes, d'angoisses et de douleurs. Voilà à quoi Mme Burner réfléchissait. Que pouvait-elle contre la volonté tyrannique de M. Saugerot? Cet homme, qu'elle avait cru bon jusqu'à ce jour, venait de lui apparaître sous un nouvel aspect; elle avait trouvé en lui un ami prêt à défendre sa fille contre le maire, et cet homme devenait tout à coup leur ennemi le plus implacable. Sur qui s'appuyer maintenant? Elle cherchait autour d'elle et ne trouvait personne. Des images sombres, lugubres passaient devant ses yeux.
En rentrant, elle trouva Emérance et Adrien qui causaient gaiement ensemble, pendant que Mme Mathié préparait le repas du soir. Adrien s'empressa de lui offrir une chaise; mais, au lieu de s'asseoir, Mme Burner se jeta dans les bras de son amie et fondit en larmes.

XIX

M. GOUSSELET NE RIT PLUS

a mère, ma bonne mère, pourquoi pleures-tu? demandait Emérance. Ce matin encore tu étais si heureuse... Dis-nous quelle chose t'afflige.
Et la gracieuse enfant, avec des larmes aux longues franges de ses paupières, couvrait de baisers le front et les joues de sa mère.
Mme Burner essuya ses yeux et raconta la conversation qu'elle venait d'avoir avec M. Saugerot.
La veuve Mathié parut consternée. Emérance, frappée de stupeur, regardait tour à tour sa mère, la veuve Mathié et Adrien sans pouvoir dire un mot.
— Je trouve, dit ce dernier, sur qui les paroles du curé n'avaient pas fait une aussi forte impression, que M. Saugerot a une singulière manière d'aimer les gens et qu'il s'occupe de leurs affaires beaucoup plus qu'on pense le devrait.
— Il a sur ma fille une certaine autorité, dit Mme Burner, puisque la position d'Emérance dépend de lui; il peut la lui ôter.
— C'est vrai, fit Adrien avec tristesse.
Son cœur venait de recevoir une atteinte douloureuse en pensant qu'Emérance pouvait être poussée à accepter pour mari le sacristain.
— M. le curé n'aura pas cette cruauté, dit la jeune fille, je ne dois pas douter de son affection pour moi.
— Et s'il persiste à vouloir vous faire épouser Joseph Hardi? demanda Adrien avec anxiété.
— C'est impossible! s'écria la veuve Mathié.
— Croyez-vous, chère maman, que M. le curé renoncera à son idée? demanda Emérance.
— Hélas! non, je ne le crois pas, répondit Mme Burner.
La jeune fille inclina sa jolie tête.
— En ce cas, dit-elle lentement, je laisserai la place d'organiste à une autre.
Adrien poussa une exclamation de joie; il se mit à genoux devant l'organiste et lui baisa les mains avec transport.
— Oh! merci, merci, dit-il. J'ai la force et le courage; pour votre mère, la mienne et vous, Emérance, je travaillerai sans jamais connaître la fatigue; mes champs ne seront pas ingrats; nos récoltes deviendront meilleures et seront plus que suffisantes. Votre mère et vous n'aurez rien à regretter, vous serez heureuses, je vous le promets.
— Mon fils a raison, dit la veuve.
— Ma chère amie, répliqua Mme Burner, vous êtes, votre fils et vous, deux cœurs dévoués et vaillants, mais vous ne réfléchissez pas que nous sommes tout à fait étrangères aux travaux de la campagne et incapables de nous rendre utiles. Que ne viendra-t-il pas dire à Adrien qu'il s'aperçoive qu'il a pris une charge trop lourde? Je suis sûre d'avance qu'il ne se plaindra jamais et que son courage ira jusqu'au bout; mais s'il se trompe dans son calcul, si son travail ne suffit pas aux besoins de quatre personnes, que ferat-il? que ferons-nous?
— Quand on veut, on peut toujours gagner sa vie, répondit Emérance; vous m'avez appris à coudre, ma mère, je travaillerai.
— J'espère bien que vous ne serez jamais réduite à coudre pour les autres! s'écria Adrien.
— Il faut tout prévoir, dit la jeune fille en souriant.
— Ta place d'organiste, ma chère enfant, était ce qui rendait notre bonheur à tous plus certain, reprit Mme Burner.
— Mon Dieu, dit la veuve Mathié, vous en parlez comme si Mlle Emérance l'avait déjà perdue. Attendons; avant de prendre une détermination de ce genre, M. le curé y regardera à deux fois. D'ailleurs, il n'est pas à Vimeux le maître absolu.
— Nous ne devons pas compter sur le maire, interrompit Mme Burner.
— M. Mimard, s'il le veut, peut être pour Mlle Emérance un défenseur très sérieux, reprit la veuve.
— Vous me donnez une idée, ma mère, dit Adrien en se levant; j'ai tout lieu de croire que M. Mimard s'intéresse à Mlle Burner plus qu'il ne veut en avoir l'air; dans plusieurs circonstances, il s'est même montré assez bienveillant pour moi; il m'a invité à aller le voir. Il n'est encore très tard. je vais lui faire une visite. J'ignore ce qu'il peut pour nous, mais j'espère...
Ni Mme Burner ni Emérance ne s'opposant à sa démarche, Adrien partit.
Le notaire le reçut dans son cabinet.

— Je ne m'attendais pas à vous voir aujourd'hui, monsieur Mathié, dit-il ; néanmoins, soyez le bienvenu. Avez-vous quelque chose à me demander ? Vous savez que je suis tout disposé à vous être agréable.

Le jeune homme se trouva immédiatement mis à l'aise par ces paroles affectueuses.

— Avant de vous dire le sujet de ma visite, permettez-moi, monsieur Mimard, de vous faire une confidence. J'aime Mlle Burner.

— Et vous avez le bonheur d'être aimé ; je sais cela. Heureux garçon !... Je vois à votre étonnement que vous ne me saviez pas si bien instruit. Mais, soyez tranquille, je garderai votre secret.

— Le secret est inutile maintenant, monsieur Mimard, car je sais que Mlle Emérance partage mon affection ; de plus, Mme Burner consent à me la donner pour femme.

— Eh bien, c'est charmant, tout cela.

— Vous ne voyez à ce mariage aucun empêchement, n'est-ce pas, monsieur Mimard ?

— Aucun.

— Malheureusement, M. le curé est plus difficile que vous. Non seulement il s'oppose à ce que je devienne le mari de Mlle Burner, mais il veut la marier à un autre.

— Ce que vous m'apprenez là est fort curieux, dit le notaire tranquillement. Il me semble que M. Saugerot n'a pas plus le droit de s'opposer à votre mariage avec l'organiste qu'il n'a celui de la marier malgré elle. Connaissez-vous le mari proposé par M. le curé ?

— C'est Joseph Hardi.

— Rival peu dangereux pour vous, reprit le notaire en souriant.

— Je sais bien que Mlle Emérance résistera à la volonté de M. le curé ; mais cette résistance lui fera perdre sa place d'organiste.

— Ah ! Et comment cela ?

— Parce que M. le curé l'a décidé. C'est une menace qu'il a faite aujourd'hui à Mme Burner.

— Diable, diable, fit M. Mimard.

— Vous devez comprendre, continua Adrien, l'effet que cette menace a produit sur Mme Burner et sa fille ; elles sont désolées. Dans une situation aussi difficile, nous avons tous pensé à vous, monsieur Mimard. Mlle Emérance espère que, étant l'ami de M. le curé, vous voudriez bien le défendre près de lui, tenter de le fléchir.

Le notaire remua la tête avec doute.

— Je suis un peu l'ami de M. Saugerot, dit-il, mais je n'ai sur lui aucun pouvoir. Une opposition, même légère, à sa volonté, lui paraîtrait une attaque portée à sa liberté de penser et d'agir et n'a d'autre résultat que celui de l'irriter et de le rendre plus opiniâtre encore.

— Ainsi, dit le jeune homme, pour un caprice de M. le curé, contre toute justice, il faudra que Mlle Burner abandonne une position pour laquelle on lui a fait quitter Paris ?

— Le curé est le maître dans son église, répondit M. Mimard. Je ne reconnais à personne le droit de lui imposer une organiste.

Sur cette réponse, qui ne lui permettait plus d'espérer, Adrien se leva pour prendre congé du notaire.

— Que comptez-vous faire maintenant ? demanda ce dernier en attachant son regard profond sur le jeune homme.

— Ce que je compte faire ? répéta Adrien, qui ne comprit pas la question du notaire.

— Oui, ce que vous ferez si Mlle Burner perd sa place ; elle se trouvera sans ressource aucune ici...

— Je l'épouserai un peu plus tôt, répondit Adrien.

M. Mimard lui tendit la main.

Le jeune homme lui souhaita le bonsoir et sortit.

Dans la rue, il se trouva face à face avec M. Saugerot, qui se dirigeait du côté de la maison du maire ; il le salua. Le curé lui lança un coup d'œil sévère et passa sans répondre autrement à son salut.

En quittant Mme Burner, furieux contre elle et sa fille, M. Gousselet était rentré chez lui le front baissé, le nez rouge et l'œil enflammé. Quand Léon voulut parler d'Emérance, le maire frappa si rudement sur la table, que le contre-coup envoya sur les dalles de la salle à manger les bouteilles, les verres et une demi-douzaine d'assiettes qui se brisèrent en mille morceaux. Il appela sa femme pimbêche, son fils imbécile, roula sa serviette dans ses mains, la jeta dans un plat contenant une magnifique gibelotte et alla s'enfermer dans sa chambre. Comme cela lui arrivait toujours après un accès de colère, M. Gousselet s'endormit. Il venait de se réveiller quand on lui annonça la visite du curé.

— Je suis bien aise de vous voir, l'abbé, dit-il ; si vous n'étiez venu, mon intention était d'aller chez vous ce soir.

— Qu'avez-vous donc de si pressant à me communiquer, demanda le curé.

— Une chose inouïe, à laquelle vous ne pourrez croire, j'en suis sûr.

— Voyons, voyons, fit dit M. Saugerot.

— Sachez, d'abord, que j'ai demandé aujourd'hui la main de l'organiste pour mon fils.

— Vraiment ! dit le curé en feignant la surprise.

— Oui, je l'ai demandée, reprit le maire. Devinez la réponse.

— C'est facile : on a été enchanté, et l'on s'est empressé de consentir...

— Du tout, du tout, s'écria le maire ; j'ai eu un refus ; mon fils a été repoussé comme un va-nu-pieds.

— C'est indigne, dit M. Saugerot.

— A moi cet affront, une pareille insulte ! exclama le maire avec fureur.

— Mon cher Gousselet, reprit le curé, je comprends combien vous devez être sensible à un refus si peu mérité ; mais il ne faut pas pour cela vous laisser dominer par la colère ; c'est, vous le savez, une assez mauvaise conseillère.

— Eh bien, qu'elle me conseille ; je ne demande que cela.

— Allons, papa Gousselet, calmez-vous, calmez-vous, dit M. Saugerot d'un ton doucereux.

— Non, non, je ne veux écouter que mon ressentiment. Oh ! cet affront... je l'ai sur le cœur, voyez-vous. Voilà ma tranquillité perdue, mon bonheur détruit, reprit M. Gousselet en soupirant.

— Je vous plains sincèrement, dit M. Saugerot.

Il y eut un moment de silence, pendant lequel le maire se tourna et se retourna dans son fauteuil.

— Monsieur le curé, reprit-il, vous êtes mon ami, vous devez me venger.

— Comment l'entendez-vous ? demanda M. Saugerot.

— J'ai été humilié, outragé, l'abbé, il me faut une réparation.

Les petits yeux de M. Saugerot s'allumèrent et se mirent à clignoter.

— Songeriez-vous à me faire redemander pour Léon la main de Mlle Burner ?

— Dieu m'en garde ! s'écria le maire. Si mon fils avait le malheur de penser encore à cette petite péronnelle, je le déshériterais, aussi vrai que vous prenez une prise en ce moment.

— Que voulez-vous donc, alors ?

— Ce que je veux ? me venger !...

— Sur une jeune fille ; vous n'y pensez pas, dit M. Saugerot.

En même temps, il sourit d'une façon singulière.

— Je suis persuadé, reprit-il, que si les dames Burner, pour une cause ou pour une autre, étaient forcées de quitter Vimeux, vous vous trouveriez entièrement satisfait.

— Oh ! certes, fit M. Gousselet. Mais elles n'y songent guère, reprit-il.

Il y eut encore un silence de quelques minutes.

— Il ne voit seulement pas les 1 sur lesquels je lui mets des points, se disait M. Saugerot.

M. Gousselet, oubliant son obésité, se dressa d'un seul coup sur les jambes.

— Je tiens ma vengeance ! s'écria-t-il.

— Eh ! votre vengeance ? donc, papa Gousselet ?

— Que Mlle Burner reste à Vimeux ou qu'elle retourne à Paris, ce m'est égal ; mais il faut qu'avant un mois elle soit remplacée par une autre organiste.

— Oh ! ô mon cher Gousselet, comme vous y allez !

— Je n'exige de vous qu'une chose, l'abbé, c'est de prendre fait et cause pour moi.

— Hé ! hé ! cela demande à être sérieusement réfléchi. Après ce qui s'est passé, vous ne pouvez, vous ne devez pas soutenir Mlle Burner. D'ailleurs, que ce soit elle ou une autre qui fasse chanter vos orgues, cela doit vous être indifférent.

— Sans doute ; seulement...

— Eh bien ?...

— Cette autre organiste, il faut la trouver.

— Je la trouverai, moi, quand je devrais l'aller chercher à Pétersbourg ou en Cochinchine.

— Vraiment, il n'y a pas moyen de vous résister, dit M. Saugerot avec son sourire moqueur ; il faut, bien malgré moi, je l'avoue, que je partage vos griefs contre les dames Burner.

Dans sa joie reconnaissante, le maire saisit la main du curé et la serra chaleureusement.

— Vous êtes mon meilleur ami, dit-il avec attendrissement.

— Vous n'en avez jamais douté ?

— Non, mais aujourd'hui vous m'en donnez la plus belle preuve.

XX

OU MAÎTRE MIMARD SE RÉVÈLE

ONSIEUR Saugerot était satisfait. Ne voulant point passer, aux yeux de la population vimeusaine, pour avoir abusé de son pouvoir en congédiant l'organiste, il avait su se servir du ressentiment du maire pour lui inspirer sa pensée, lui faire croire qu'il prenait l'initiative du renvoi d'Émérance et le charger de toute la responsabilité de cette grave affaire. Ainsi, pendant que M. Gousselet se félicitait d'avoir associé le curé à sa vengeance, c'est lui qui devenait, bénévolement, l'instrument de ce dernier. M. Saugerot, retranché derrière le maire, pouvait agir maintenant sans avoir à redouter les conséquences de son action. Il n'ignorait pas qu'Emérance et sa mère s'étaient fait de nombreux amis à Vimeux; ceux-ci devaient nécessairement prendre la défense de la jeune fille et se récrier contre l'injustice d'un renvoi non mérité; mais aucune plainte ne pouvait plus s'adresser à lui: M. Gousselet, seul, aurait à répondre du mécontentement de tous.

Joseph Hardi avait une confiance aveugle en M. Saugerot; il croyait à sa parole autant qu'à l'Évangile. Pour lui, l'Église étant infaillible, M. le curé, l'un de ses ministres, devait avoir également le privilège de ne jamais se tromper et de n'être point peccable. M. Saugerot lui ayant dit qu'il deviendrait le mari de l'organiste, il l'avait cru sans restriction, et considérait déjà la jeune fille comme lui appartenant. Mais qu'on ne croie pas que cette certitude lui ait donné la hardiesse d'adresser la parole à Émérance!... Il ne s'était jamais permis de la regarder en face, et, bien timidement encore; il ne songea pas même à prendre une liberté plus grande. Seulement, à partir du jour où il l'admira comme étant sa fiancée, il lui sembla que ce serait un grand bonheur pour lui s'il lui était donné de s'agenouiller devant elle.

D'ailleurs, quand Emérance était dans l'église et qu'il faisait une génuflexion devant l'image de sainte Élisabeth ou celle de la Vierge, il se tournait à moitié du côté de l'organiste et ne regardait plus comme autrefois les têtes de saintes dans leur cercle lumineux. Une chose qui, le dimanche, lui mettait au cœur de la joie pour toute la semaine, c'est qu'il tenait la soufflerie des orgues pendant que l'organiste promenait ses petites mains sur le clavier.

Certes, Emérance ne se doutait guère que le géant, qui donnait le souffle à l'instrument, ne perdait pas un de ses gestes et avait un cœur qui bondissait d'aise à son approche.

Joseph Hardi avait déjà adressé trois ou quatre fois cette question à M. Saugerot.

— Est-ce que vous ne fixez pas bientôt le jour de mon mariage?

— Prenez un peu de patience, Joseph, répondait le curé, le moment approche.

Or, dire quatre fois à Joseph Hardi: Le moment approche où vous deviendrez le mari de Mlle Burner, — c'était lui faire supposer qu'il n'avait plus que quelques jours à attendre.

Si près de se marier, le sacristain se mit à réfléchir; il en avait l'habitude, cela lui coûta beaucoup; mais comme sa préoccupation avait pour objet le bonheur de l'organiste, il sut faire un esprit rétif à s'entendre avec son cœur. Pour tout héritage, sa mère lui avait laissé une maison ou plutôt une cabane du plus misérable aspect. De plus, les quelques meubles qu'il possédait étaient vieux, vermoulus et crasseux. Pouvait-il recevoir l'organiste et sa mère dans un pareil taudis? Non, mille fois non. D'ailleurs, il ne pourrait loger convenablement Mme Burner, puisque la cabane n'avait que deux petites pièces au rez-de-chaussée, la cuisine, qui servait aussi de salle à manger, et la chambre à coucher. La situation offrait un problème assez difficile à résoudre.

Le sacristain employa une semaine entière à trouver cette solution: Faire rebâtir ma maison et mettre, sur le rez-de-chaussée, un premier étage, puis rapporter mes vieux meubles dans la cabane.

Alors il ouvrit une armoire assez bien garnie de gros linge; il chercha dans tous les coins et retira, chaque fois, sa main pleine de pièces de cinq francs. Les sommes partielles réunies formèrent un total de onze cent cinquante-cinq francs. Quel trésor!... C'étaient les économies péniblement amassées depuis dix ans par le sacristain.

Le lendemain, quatre maçons, armés de pinces et de marteaux, démolissaient la cabane.

Les Vimeusains étonnés ne surent que dire, quelques-uns envièrent Joseph Hardi, qui allait avoir une belle maison neuve, les autres se moquèrent de lui. Le sacristain, brouettant les pierres et le mortier, dirigeant lui-même les travaux de sa bâtisse, laissait jaser les rieurs et les envieux.

A huit heures du soir, Mme Gousselet, ayant servi le café aux trois amis, se retira discrètement. Le maire souffle dans sa tasse pour refroidir un peu la boisson brûlante; M. le curé emplit son nez de tabac; roide et grave sur son siège, maître Mimard remue au fond de la tasse le sucre qui ne se liquéfie pas assez vite. Le silence est profond, on entend voler les mouches qui passent et repassent au-dessus de la table. Cependant, le maire et le curé se regardent; ils semblent s'encourager à parler. Le notaire devine leur embarras, il se baisse pour dissimuler un sourire. M. Gousselet est enfin arrivé à diminuer de plusieurs degrés la chaleur de son café, il l'avale d'un trait, puis sa tête va chercher un appui sur le dossier de son fauteuil. Dans cette position, les mains sur son ventre, il toussa, regarda le curé, et, sur un signe de celui-ci, se décida à rompre le silence.

— Mon cher Mimard, dit-il, nous avons, M. le curé et moi, à vous faire part d'une décision que nous avons prise: nous allons remplacer Mlle Burner par une autre organiste.

Le notaire prit un air très étonné et regarda tour à tour le maire et le curé.

— Vous m'annoncez une chose à laquelle je ne m'attendais guère, dit-il; une décision de ce genre est for grave; elle demandait à être réfléchie, ce que vous n'avez pas fait...

— Permettez..., fit le maire.

— Mon cher Gousselet, reprit le notaire, je vous permettrai tout ce que vous voudrez, excepté ce qui ne sera pas possible. Je dis qu'en formant le projet de donner la place de Mlle Burner à une autre, vous auriez dû comprendre que l'organiste actuelle ne peut être remplacée que dans le cas où elle serait démissionnaire. Mes paroles, monsieur le curé, s'adressent à vous aussi bien qu'à M. Saugerot, ajouta le notaire en se tournant du côté de M. Saugerot.

Le prêtre fit une grimace, pinça entre ses dents sa lèvre inférieure, et dit d'un ton aigre-doux:

— Continuez, Mimard, nous vous écoutons.

— Je ne vous demande point, reprit le notaire, quelles raisons vous avez à faire valoir pour retirer à Mlle Burner son emploi d'organiste; elles peuvent être bonnes, mais elles ne sont point acceptables. Mlle Burner a été accueillie à Vimeux avec enthousiasme par la population tout entière; vous avez été les premiers à proclamer partout que son talent de musicienne était extrêmement remarquable; vous l'avez exaltée au point de ne lui reconnaître aucun défaut; aujourd'hui, quels reproches pouvez-vous lui adresser? Son talent supérieur est-il devenu médiocre? Ses brillantes qualités n'existent-elles plus? Non, n'est-ce pas? Mlle Burner est maintenant ce qu'elle a toujours été, une jeune personne charmante, intelligente, spirituelle, distinguée, modeste, douce et bonne. A-t-elle démérité à vos yeux? Non. Et aux yeux des autres? Pas davantage. Vous voyez donc bien qu'il vous est impossible de donner sa place à une autre.

— C'est cependant ce que nous ferons, dit le maire.

— Je ne savais pas que Mlle Burner trouverait en vous un avocat aussi chaleureux, reprit le curé d'une voix sèche et saccadée; mais je vous préviens que votre belle plaidoirie ne changera en rien nos intentions.

— J'en suis fâché pour vous, répondit le notaire d'un ton froid.

— Ah! Et pourquoi cela?

— Parce que vous voulez une chose qui ne peut pas être, qui ne sera pas.

— Vous croyez? fit M. Saugerot avec l'accent de la raillerie.

— Je le crois.

— Qui donc voudrait résister à nos deux volontés réunies? demanda M. Gousselet.

— Vous l'entendez bien, répondit le curé, c'est maître Mimard.

— Moi-même, dit le notaire, le testament de Ducray à la main.

— Le testament... le testament... bégaya le curé.

— Oui, monsieur Saugerot, le testament qui fait une rente de huit cents francs à l'organiste de Vimeux et qui n'autorise pas plus le maire que le curé à lui prendre sa position pour la donner à une autre.

— Ainsi, vous entendez que le testament de Ducray m'impose Mlle Burner comme organiste?

— Parfaitement.

— Eh bien, pas plus tard que dimanche, vous aurez la preuve que vous êtes dans l'erreur. L'entrée des orgues sera interdite à Mlle Burner.

— C'est votre droit, je ne conteste pas; vous êtes également le maître de laisser dormir votre orgue pendant vingt ans; mais Mlle Burner ne cessera pas d'être organiste et de toucher son traitement, deux cents francs par trimestre.
— Oui, jusqu'au jour où sa place sera occupée par une autre.
— Ce jour-là, Vimeux aurait deux organistes, celle du curé et celle du testament, mais la première ne toucherait pas un liard des appointements de l'autre.
— C'est ce que nous verrons, répliqua le curé.
— Il y a là matière à procès, dit le maire.
— Je le crois, fit maître Mimard.
— Donc, reprit M. Saugerot en s'adressant au notaire, vous persistez dans votre opposition?
— Je crois vous l'avoir fait assez comprendre.
— Cela prouve combien vous faites peu de cas de notre amitié, dit le curé avec aigreur.
— Je regrette que vous le preniez sur ce ton avec moi, monsieur Saugerot, répliqua le notaire avec beaucoup de tranquillité; mais si pour conserver votre amitié je dois méconnaître ce qui est juste, renier ce que ma conscience me fait un devoir de défendre, je n'hésite pas à en faire le sacrifice.
— C'est bien, c'est tout ce que M. Gousselet et moi voulions savoir, dit sèchement le curé. Vous voulez lutter contre nous, soit; nous verrons bientôt qui l'emportera.
— S'il y a lutte, reprit M. Mimard, prenez garde de succomber.
— Des menaces! fit M. Saugerot avec dédain.
— Non, c'est seulement un avertissement que je vous donne.
— Merci; nous en ferons le cas qu'il mérite, dit M. Saugerot en raillant.
M. Gousselet avait pris le parti de se taire; il se contentait d'approuver par signes les paroles du curé.
— Vous me conduisez, reprit le notaire, sur un terrain où je ne saurais vous suivre; il est trop glissant pour moi. Je me retire et vous laisse le champ libre.
En achevant ces mots, il se leva, prit son chapeau et sortit.
— Original, murmura le curé.
— Il s'en va furieux contre nous, dit M. Gousselet.
— Nous pouvons nous passer de lui, laissons-le courir. Vous aurait-il effrayé?
— Oh! pas le moins du monde.
— A la bonne heure. Ainsi, votre résolution à l'égard de Mlle Burner est toujours la même?
— Oui, et je veux…
— C'est bien, ce que vous voulez sera.
Le lendemain, dans la matinée, M. Saugerot s'achemina vers la demeure du sous sacristain qu'il n'avait pas vu depuis quatre jours. Il le trouva une truelle à la main.
— Ma maison n'est guère en état de vous recevoir, monsieur le curé, dit-il; cependant vous pouvez entrer.
M. Saugerot releva sa soutane, enjamba des plâtras, des pierres, des bois de charpente et pénétra à l'intérieur de la bâtisse.
— Vous vous êtes donc décidé à faire construire, Joseph? demanda-t-il. Cela vous est venu tout à coup?
— Monsieur le curé ne me blâme pas?
— Au contraire, je trouve que vous avez eu une excellente idée.
— Mes petites économies y passeront; ma foi, tant pis, on ne se marie pas tous les jours…
Le curé, qui regardait d'un autre côté, se retourna brusquement.
— Que me disiez-vous, Joseph?
— Je vous parlais de mon prochain mariage, monsieur le curé. Ma maison est vraiment trop petite et n'aurait pu loger…
Il s'interrompit en voyant le visage de M. Saugerot se rembrunir et ses yeux cligner.
— Continuez donc, Joseph, je vous écoute, dit le prêtre.
— Je fais bâtir deux chambres hautes, reprit le sacristain d'une voix moins assurée; l'une pour Mme Burner; l'autre, la plus jolie, pour ma femme.
— Combien ces travaux coûteront-ils? demanda le curé d'un ton bref.
— Huit cents francs; c'est le prix convenu entre le maçon entrepreneur et moi. Il me restera près de quatre cents francs pour meubler proprement les deux pièces.
Le visage de M. Saugerot devenu tout à fait sombre.
— Avant de rien changer à votre maison, dit-il, vous auriez dû me demander conseil; je vous aurais détourné d'un projet qui vous fait dépenser, mal à propos, une somme très considérable pour vous.
Joseph Hardi crut sentir la terre trembler sous lui. Le pauvre garçon ne comprenait pas comment, ayant paru satisfait d'abord, M. le curé montrait, l'instant d'après, du mécontentement.
— Le mal est fait, on ne peut y remédier, continua M. Saugerot.
Et il ajouta à part :
« Pauvre Joseph! il lui manquera toujours un peu de tête. »

Il y eut un court silence. Le sacristain n'osait plus lever les yeux.
— Joseph, reprit le curé, j'ai une commission à vous faire faire immédiatement.
La voix de M. Saugerot s'étant radoucie, le grand garçon cessa de regarder le bout de ses pieds.
— Je suis prêt, dit-il.
— Vous allez aller chez l'organiste…
En un clin d'œil, le sacristain devint rouge jusqu'aux oreilles, la joie étincelait dans ses yeux.
— Vous la prierez de ma part, continua le curé, de vous remettre la clef de la galerie des orgues, et vous me l'apporterez à la cure.

XXI

UN DIMANCHE A LA MESSE

E n'était pas pour Joseph Hardi une chose sans conséquence que de faire une visite à Mlle Burner, même à titre d'envoyé du curé. Il était ému comme s'il se fût agi d'un événement imprévu duquel sa destinée allait dépendre. Enfin, pour la première fois, il allait parler à Emérance!… En vérité, il y avait de quoi mettre le désordre dans son cerveau.

Il s'habilla devant son miroir pour juger de l'effet que pouvait produire son gilet à grands carreaux rouges sur sa chemise blanche, finement plissée, sa jolie veste de bure couleur de rouille et sa casquette fièrement posée sur l'oreille droite.

Après s'être bien convaincu que sa coquetterie n'avait plus le droit de rien exiger, il sortit, et, le cœur battant très fort, se dirigea du côté de la demeure de l'organiste.

Il fut reçu par la veuve Mathié, qui lui demanda assez brusquement ce qu'il voulait. Cet accueil fort peu gracieux augmentait encore l'embarras du visiteur.

— Je désire parler à Mlle Burner, balbutia-t-il.

La veuve allait lui répondre que la jeune fille était absente, lorsque celle-ci, qui sortait de chez elle, montra curieusement sa tête au-dessus de l'escalier.

— Me voilà, monsieur Hardi, dit-elle; qu'avez-vous à me dire?

Le sacristain leva les yeux, aperçut l'organiste et abaissa aussitôt son regard. Les jambes lui manquaient.

— C'est M. le curé qui m'envoie, dit-il en cherchant un appui contre un meuble.

— Ah! c'est M. le curé… fit la jeune fille en descendant légèrement l'escalier. Et pourquoi vous envoie-t-il?

— Pour vous demander la clef des orgues.

Emérance et la veuve échangèrent un regard plein de tristesse. La jeune fille remonta chez elle et revint aussitôt.

— Voici la clef, monsieur Hardi, dit-elle en la lui remettant.

— Que faudra-t-il dire à M. le curé?

— Vous lui direz que je ne vous ai pas fait attendre.

— Je fais rebâtir ma maison, mademoiselle; si vous voulez venir la visiter…

— Je ne me connais pas en bâtiment, monsieur Hardi.

— Oh! cela n'y fait rien. Je serais content de savoir si la manière dont je l'arrange vous plaît.

— C'est pour vous faire plaisir, dit Emérance, la prochaine fois que je passerai devant votre maison, je la regarderai.

— Et vous me direz si elle vous plaît!… s'écria le sacristain joyeux.

— Je ne doute pas de votre bon goût, monsieur Hardi.

Il s'en alla satisfait, heureux, ravi.

— Elle m'a parlé, se disait-il, sa voix me faisait un effet tout drôle. Elle est vraiment bien belle… Elle m'a promis de venir voir notre maison.

Puis, avec une certaine dose de fatuité, il ajoutait :

— Je suis né pour avoir du bonheur en femme.

Et il marchait dans la rue en se redressant avec une fierté superbe.

Le dimanche arriva. Comme à l'ordinaire, Emérance se rendit à l'église au moment de l'eau bénite, on remarqua avec étonnement, qu'au lieu de monter prendre sa place près des orgues, la jeune fille accompagnait sa mère et la veuve Mathié au banc de cette dernière. Il y eut des regards échangés qui semblaient se dire : « Voici du nouveau. » On chuchota entre voisines. Plus d'un sourire se cacha dans les feuillets d'un livre de prières. L'organiste, ne soupçonnant point l'attention curieuse dont elle était l'objet, priait pieusement agenouillée.

Une femme disait à l'oreille de sa voisine:
— Il paraît que nous n'entendrons pas la musique de l'orgue aujourd'hui. Pourquoi?
— Je suis comme vous, je l'ignore.
— Ce n'est pas la peine d'avoir un orgue si l'on ne veut pas s'en servir.

Une jeune fille disait à une autre, sa amie:
— Regarde donc l'organiste; elle n'a pas l'air bien joyeux.
— Elle baisse la tête comme si elle avait peur de montrer sa figure.
— Et sa mère, a-t-elle une mine désolée!...
— Vraiment, je crois qu'elle pleure.
— Tu ne te trompes pas, ma chère, voilà qu'elle essuie ses yeux.
— Que penses-tu de cela?
— Moi! je dis que ce n'est pas naturel, voilà tout.

Ces quelques propos recueillis en passant, nous donnent une idée de ce qui dut être dit dans l'église, en quelques minutes, par deux ou trois cents bouches.

Nous ne dirons point ce qu'éprouva le sacristain lorsque, se disposant à aller faire mouvoir les soufflets des orgues, il trouva la porte de la galerie fermée; ce fut quelque chose qui lui étreignit la poitrine et lui ôta bras et jambes. Il retourna prendre sa place près du maître autel, l'oreille basse, l'œil humide.

L'organiste est malade: telle avait été sa première pensée. Elle le fit souffrir jusqu'au moment où il aperçut Emérance et sa mère parmi les femmes. La présence de la jeune fille dissipa ses craintes; mais il ne s'expliquait pas pourquoi elle et lui n'étaient pas auprès des orgues. Cela le fit rêver durant un gros quart d'heure. Il y avait là une énigme pour lui. Voici comment il la devina en se rappelant que, la veille, il avait porté la clef des orgues à M. Saugerot, il supposa que celui-ci, l'ayant oubliée chez lui, l'organiste n'avait pu entrer dans la galerie. Jamais homme ne fut plus heureux que Joseph Hardi après avoir trouvé cette explication qui lui semblait la seule possible. Alors, un excès de zèle lui inspira la pensée de remédier au plus vite au malheureux oubli du curé, et de le tirer, ainsi que l'organiste, de l'embarras où ils devaient être tous deux.

On chantait le Credo. Joseph Hardi s'approcha de l'autel et, dans la position d'un danseur qui salue le public, le corps penché en avant, une jambe en l'air:
— Monsieur le curé? appela-t-il.
— Qu'est-ce que vous voulez? répondit le prêtre sans détourner la tête.
— La clef des orgues...
— Que dites-vous?
— La clef des orgues, répéta le sacristain d'une voix un peu élevée.

Cette fois le curé l'entendit, car il fronça les sourcils.
— Retirez-vous, dit-il.
— *Deum verum de Deo vero*, chantait la voix du maître d'école, criarde comme une crécelle.

Le chant empêcha le sacristain d'entendre les paroles du curé. Il reprit:
— Dites-moi où, j'irai la chercher.
— Je vous ai dit de vous retirer, répliqua M. Saugerot impatienté.
— Dans quel endroit? demanda le sacristain, qui n'entendait toujours pas.

De chaque côté de la nef, les hommes commençaient à rire en le regardant.
— Taisez-vous donc, fit le curé en frappant du pied avec colère.
— Ah! dans le salon... sur la table?
— Tête fêlée, grommela M. Saugerot.

Et pour en finir, il prit le parti de mêler sa voix à celles des chantres.
— Sur la cheminée, se dit le sacristain, qui interpréta ainsi l'épithète dont le curé venait de le gratifier.

Il s'élança dans la sacristie et de la sacristie dans la rue.

Cinq minutes après on le vit reparaître tout penaud.
— Je ne l'ai pas trouvée, dit-il au curé d'un ton piteux.
— Homme sans cervelle... murmura M. Saugerot.

Et il lança un regard courroucé sur le pauvre sacristain, qui alla s'asseoir fort tristement.
— Je l'ai cependant bien cherchée, se disait-il, sur la cheminée, sur la table, sur la commode et même dans le cabas de Mlle Félicité.

La clef était l'idée fixe de Joseph Hardi.

Après la messe, M. le curé le tança vertement. Il courba sa longue échine et supporta la bourrasque avec une patience de saint.
— C'est égal, pensa-t-il, si elle avait été dans le salon, je l'aurais trouvée.

Pour éviter une foule de questions plus ou moins bienveillantes auxquelles il eût fallu répondre, les dames Burner, aussitôt la messe terminée, rentrèrent chez elles. Mais cela n'empêcha point les commères de jaser sur leur compte. Pourtant, les plus mauvaises langues n'osaient encore dire du mal de ces deux femmes qui, depuis si peu de temps qu'elles étaient à Vimeux, avaient su mériter l'amitié de plusieurs, l'estime de tous. On devinait qu'une rupture avait eu lieu entre le curé et l'organiste, mais la cause restait ignorée. Les suppositions diverses qu'on fit à ce sujet eurent pour résultat d'éloigner les curieux de la vérité.

A la campagne, les plus petits choses prennent vite des proportions énormes; il suffit qu'elles soient remarquées par deux personnes pour devenir graves et importantes.

Tout le village fut donc mis en émoi parce que Mlle Burner n'avait pas joué de l'orgue. Chacun se demandait: Pourquoi? Et tous ajoutaient: il faudra bien qu'on le

XXII

COUPS DE DENTS, COUPS DE GRIFFES

ELLES étaient trois femmes; debout devant la porte d'une maison, elles faisaient de grands gestes, riaient et causaient avec une certaine animation. Il va sans dire que le sujet de leur entretien était l'organiste. Elles avaient passé en revue les probabilités, usé les conjectures, sans être satisfaites: elles n'avaient point su deviner ce que leur curiosité avide aurait tant voulu savoir.

En ce moment, Mme Gousselet parut dans sa cour, portant une corbeille remplie d'orge, mêlée d'avoine; elle venait donner la nourriture à ses volailles.
— La femme du maire, dit l'une des commères, doit en savoir plus long que nous sur le chapitre de la demoiselle; elle aime parfois à bavarder; j'ai envie d'aller près d'elle aux renseignements.

Rosalie, une grande femme sèche, aux lèvres minces, au long nez pointu, aux yeux vifs, les mains cachées sous son tablier d'indienne, du côté de Mme Gousselet. Elle entra dans la cour et, pour cacher son intention, regarda à droite et à gauche, ayant l'air de chercher quelque chose.
— C'est notre canard qui n'est pas rentré depuis hier, madame Gousselet, dit-elle d'une voix flûtée; je venais voir s'il ne se serait pas avisé de faire une visite à vos canes.
— Je ne l'ai point vu, Rosalie, répliqua la femme du maire; du reste, vous pouvez regarder vous-même parmi les miens.
— Je ne le vois pas, reprit Rosalie, on me l'a tué sans doute. Que voulez-vous, il y a à Vimeux des gens qui mangent souvent des poules et des canards qui ne leur coûtent guère.

La brave femme se plaignait un peu sans raison, pour cette fois du moins, car un canard était chez elle, en train de rôtir dans une casserole.
— Vous étiez à la messe aujourd'hui, reprit-elle; comme tout le monde, vous avez dû être bien étonnée?
— Etonnée! fit Mme Gousselet, de tout.
— C'est juste. Qu'est-ce que je dis donc, moi? J'oublie que vous deviez savoir d'avance que l'organiste ne jouerait pas des orgues.
— Je le savais, en effet, depuis huit jours, dit la femme du maire.
— Il y a donc eu quelque chose?
— Oui, quelque chose qui a indigné M. le curé et mon mari.
— C'est donc bien grave?
— Très grave, puisque Mlle Burner a été renvoyée.
— Quoi! elle n'est plus organiste?...
— Très prochainement, elle sera remplacée par une autre.

Rosalie aurait bien voulu en apprendre davantage; mais Mme Gousselet avait de bonnes raisons pour se taire; elle laissa sans réponse les questions de la curieuse. Alors celle-ci rejoignit les deux femmes qui l'attendaient.
— Voici les nouvelles, leur dit-elle: la Parisienne n'est plus organiste, une autre doit la remplacer.
— Est-ce elle qui quitte volontairement la place?
— Non, c'est le maire et M. le curé qui l'ont remerciée.
— Bah!... Que peut-elle avoir fait?
— Je n'en sais rien, la maîtresse n'a pas voulu me le dire, mais c'est grave, très grave... Savez-vous ce que je pense? Pour tout le monde, à Vimeux, on ne cache que les choses qu'on ne peut avouer sans honte; la vie des Parisiennes n'est pas pure, j'en mettrais ma main au feu! Le maire a sûrement appris sur leur compte quelques vilaines choses, et c'est pour ça...

— Je dis comme vous, Rosalie, l'organiste et sa mère peuvent très bien ne pas être des honnêtes femmes.
— Et moi j'ajoute, reprit l'autre paysanne, que, pour s'en être venues à Vimeux, si loin, il faut qu'elles se soient fait chasser de Paris.

Là-dessus les trois commères se séparèrent. Rosalie courut jeter un demi-verre d'eau sur son canard qui se calcinait au fond de la casserole.

Les autres allèrent raconter à leurs amies comme quoi M. Gousselet, ayant appris des choses horribles sur le passé des dames Burner, M. le curé avait été forcé d'ôter à la fille la place d'organiste.

En moins d'une heure, ces paroles firent le tour du village, car elles furent recueillies par le père Pommier, qui, ayant vite brodé une petite histoire, s'empressa d'aller la raconter chez l'épicier et le débitant de tabac. La nouvelle se répandit avec rapidité. D'abord on accusa Mme Burner et sa fille, vaguement, sans savoir ce qu'on pouvait leur reprocher ; ensuite on avança un fait, puis deux, puis trois, et bientôt, chacun se donnant du cœur, la calomnie déborda sur toute la ligne.

Les pauvres femmes, éclaboussées, salies, flétries, furent traînées aux gémonies par une populace imbécile, incapable de savoir aimer ou haïr à propos, mais toujours prête à applaudir au scandale, à se repaître des souffrances de ceux qu'elle a victimés.

A entendre ces bonnes gens de Vimeux, Mme Burner avait volé la considération des honnêtes gens. C'était une intrigante de la pire espèce. Belle autrefois, elle avait fait sûrement de sa beauté un honteux trafic. On disait qu'elle n'avait jamais été mariée. Sa fille était le témoignage vivant de son inconduite passée. Il n'y eut que deux choses : le vol et l'assassinat, dont la pauvre veuve ne fut point déclarée coupable.

La méchanceté des Vimeusains ne s'en tint pas là ; elle n'était pas encore rassasiée. Après avoir immolé la mère à son plaisir de faire le mal, elle fit tomber sur la fille sa boue immonde. La jeune fille servit de pâture à la passion du moment.

Parmi les personnes qui connaissaient assez les dames Burner pour avoir le courage de repousser la calomnie, il y en eut beaucoup dont la foi fut ébranlée, les autres n'osèrent prendre leur défense et lutter contre l'opinion générale.

Quelques esprits droits, Antoine entre autres, haussèrent les épaules de dégoût et gardèrent un silence dédaigneux.

Quand Adrien fut instruit de ce qui se passait dans le village par son ami, il pleura de douleur et de colère.

— Oh ! les misérables ! s'écria-t-il, si je connaissais celui qui a inventé toutes ces infamies, je lui arracherais la langue...

— Malheureusement, nous n'avons à combattre un seul ennemi, dit Antoine ; laissons-les lancer leur venin, c'est ce que nous avons de mieux à faire pour le moment. Mais console-toi, mon cher Adrien ; si aujourd'hui le maire et le curé triomphent, bientôt Emérance prendra sa revanche.

— Assurément, car avant peu elle sera ma femme. Oh ! alors malheur à celui qui se permettrait de l'insulter... En attendant, mon cher ami, il va se passer une chose horrible.

— Laquelle ?

— C'est que Mme Burner ou Emérance ne viennent à savoir de quelle manière elles sont traitées à Vimeux.

— Oh ! espérons que cette douleur leur sera épargnée.

Vain espoir !... Bientôt la mère et la fille virent se fermer devant elles les portes qui jusque-là s'étaient ouvertes toutes grandes pour les recevoir. Dans la rue, on se détournait pour n'avoir point à les saluer. Elles se sentaient entourées d'ennemis invisibles.

Une lueur traversa tout à coup leur cerveau et elles eurent comme une pénétration soudaine qui leur fit soupçonner la vérité.

— Je crois, dit Mme Burner qu'on ne s'est pas borné à retirer à ma fille l'emploi qui nous faisait vivre ; autour de nous, dans l'ombre, quelque chose se médite. Après notre humiliation, que peut-on nous vouloir encore ? Aurait-on osé attaquer l'honneur de mon enfant ? Qu'on me le dise, je saurai la défendre !... Je ne sais ni ce que je dois penser, ni ce que je puis croire ; mais le doute est entré en moi et je souffre... Oh ! oui, je souffre horriblement.

Et la pauvre femme se prit à pleurer, le visage caché dans ses mains.

La veuve Mathieu la regardait avec une compassion douloureuse.

— Il faut vous consoler, dit-elle ; il vous reste encore des amis. Et puis, les méchants se tairont.

— Ah ! s'écria Mme Burner, je n'aurais jamais cru qu'il y eût des gens capables de calomnier ma pauvre enfant.

En achevant ces mots, elle éclata en sanglots.

Emérance entra en ce moment. Elle se mit à genoux devant sa mère, l'entoura de ses bras et colla ses lèvres sur sa joue mouillée de larmes.

Dans la soirée, devant Adrien et sa mère, Mme Burner parla de quitter Vimeux.

— C'est le meilleur parti que nous puissions prendre, dit-elle. Nous devons nous éloigner au plus vite d'un pays qui nous traite comme les plus viles créatures. Y rester plus longtemps serait nous exposer, ma fille et moi, à toutes sortes d'insultes, aux injures les plus grossières.

Adrien, désespéré, essaya de combattre ce projet qui allait l'éloigner d'Emérance pour un temps peut-être fort long ; mais Mme Burner persista dans sa résolution. Le jeune homme alla prévenir Antoine du nouveau malheur dont il était l'objet.

— Il ne faut pas qu'elles partent, dit l'ex-fourrier, à tout prix il faut les retenir. Tonnerre ! le maire et le curé seraient bien trop contents... D'ailleurs, Claviot et moi avons une idée qui, si elle réussit...

— De quoi s'agit-il ? demanda Adrien.

— Je ne peux rien te dire pour le moment. Dimanche prochain tu verras. Allons trouver M. Mimard.

— Pourquoi faire ?

— Lui seul aura assez d'autorité sur Mme Burner pour l'empêcher de partir.

— Tu ne connais pas M. Mimard, Antoine ; il est bon, je le veux bien ; mais son inertie est désespérante. Je connais d'avance la réponse qu'il nous fera. La voici à peu près : Je n'ai aucune autorité sur Mme Burner ; il est donc inutile que je cherche à l'empêcher de quitter Vimeux, si telle est son intention.

— Allons toujours, reprit Antoine. Le notaire est un homme bizarre, une énigme que j'ai un peu déchiffrée en causant avec lui ce matin pendant plus d'une heure. Crois-moi, il n'est pas inerte sans raison. Quand il le faut, il sait agir.

Les deux amis se rendirent chez maître Mimard.

XXIII

OU IL EST PROUVÉ QU'UN BON AVOCAT GAGNE TOUJOURS SA CAUSE

De la main le notaire indiqua des sièges aux deux visiteurs et lui-même s'assit devant un bureau couvert de papiers.

— Voyons, reprit-il, que venez-vous m'apprendre de nouveau ?

Antoine se chargea de répondre.

— Vous savez comment nos concitoyens se traitent entre eux, avec quel plaisir ils se déchirent les uns les autres ?

— Il y a quinze ans que je les vois et que je les entends, répondit le notaire.

— Mme Burner et sa fille n'ont pas été épargnées ; on peut même dire que les Vimeusains se sont montrés, pour ces pauvres femmes, plus féroces que des cannibales.

— Oui, je connais en partie les cancans absurdes dont s'occupent en ce moment les sots et les envieux du village, mais les dames Burner doivent être au-dessus de semblables propos.

— Elles y sont malheureusement trop sensibles, car elles ont pris la résolution de quitter Vimeux.

Le notaire fit un bond sur son fauteuil.

— Quitter Vimeux ! s'écria-t-il. Que me dites-vous là ?

— Ce qu'Adrien est venu m'annoncer tout à l'heure.

— Et vous ne leur avez pas dit que c'était impossible ! exclama M. Mimard en s'adressant à Adrien.

— Mme Burner ne veut rien entendre, répondit le jeune homme.

— Morbleu ! c'est ce que nous verrons, reprit le notaire très agité. Quitter Vimeux !... Voilà qui serait une faute grave. Par ce fait, l'organiste abandonnerait volontairement son emploi, et c'est ce qui ne doit pas être, c'est ce que je ne veux pas.

— Si vous voyiez Mme Burner, dit Antoine, peut-être obtiendriez-vous...

— Je la verrai, messieurs, demain matin, de bonne heure.

— Dans le cas où vous ne pourriez obtenir qu'elle changeât d'idée, faites en sorte, continua Antoine, qu'elle retarde son départ de huit jours seulement.

— Mme Burner et sa fille ne quitteront pas Vimeux, je vous le promets.

— Je n'oublierai jamais ce que vous aurez fait pour moi, monsieur Mimard, dit Adrien.

— Hé ! ne suis-je pas un peu l'ami des amoureux ! fit le notaire en souriant.

— Monsieur Mimard, reprit Antoine, c'est demain jeudi qu'aura lieu la vente aux enchères des meubles et immeubles provenant de la succession Picard.

— Oui, demain, à quatre heures du soir.

— Quel sera votre crieur ?

— Morey, comme toujours.

— Eh bien, il faut m'adjoindre à lui.
— Vous ?...
— Oui. Acceptez-vous ?
— Il le faut bien, puisque je vous contrarierais en vous refusant.
— En ce cas, merci, demain vous me verrez à l'œuvre.
— A demain donc, à quatre heures précises, chez Glouse.

Les trois hommes échangèrent une poignée de main et les deux amis se retirèrent.

En rentrant, Adrien trouva Émérance seule avec sa mère. Mme Burner, s'étant sentie un peu malade, était allée se mettre au lit.

Adrien vint s'asseoir entre sa mère et la jeune fille, dont il prit la main ; puis son regard, plein de tendresse et d'amour, alla de l'une à l'autre.

— Vos yeux sont humides, leur dit-il ; vous avez pleuré...
— Oui, répondit la veuve ; nous parlions de notre séparation prochaine et ce triste sujet nous a émues.
— Chère Émérance ! reprit Adrien, je donnerais ma vie pour qu'aucune douleur ne puisse jamais vous atteindre, et cependant, malgré moi, ces pleurs que je vois briller dans vos yeux me rendent heureux. C'est qu'ils me disent que, joies ou chagrins, vous partagez tout avec moi ; ils me prouvent combien vous m'aimez. Mais ces pleurs se sécheront bientôt, je l'espère : je vous apporte un espoir.
— Un espoir ! fit la jeune fille.
— Demain M. Mimard viendra parler à votre mère ; son intention est de s'opposer à votre départ.
— Le pourra-t-il ? J'en doute.
— J'ai plus de confiance que vous, Émérance.
— Parce que vous ne savez pas, comme moi, combien est profonde la blessure faite au cœur de ma mère.
— Nous la guérirons. L'estime et l'amitié de quelques personnes seront des médecins. Antoine, qui se dévoue constamment pour celui qu'il aime, s'occupe de notre bonheur. Chère Émérance, quelque chose me dit que nous ne serons point séparés. La parole de nos amis fera taire les mauvaises langues, ceux qui ont méconnu votre mère se repentiront de leur cruauté et seront les premiers à lui demander pardon de leurs injures.
— Je ne demande qu'à vous croire, dit la jeune fille avec un sourire presque joyeux.

Ils causèrent encore pendant plus d'une heure, se regardant, se souriant ; ils oublièrent les douleurs présentes pour ne s'entretenir que des joies et des mille promesses de l'avenir.

Le notaire, fidèle à sa parole, se présenta chez Mme Burner le lendemain dans la matinée. Il lui souhaita le bonjour, s'informa de sa santé et tira d'un portefeuille deux billets de cent francs qu'il posa sur un guéridon. Voyant qu'elle le regardait avec surprise, il lui dit :

— Ce sont les appointements de Mlle Émérance que je vous apporte.
— Je crois que vous vous trompez, monsieur, répondit Mme Burner ; ma fille a toujours reçu son trimestre d'avance, et celui-ci, le deuxième, a été payé par vous au mois de juin dernier.
— Je le sais, madame ; mais il s'agit du troisième trimestre et non du deuxième, qui finit la semaine prochaine. Si je suis venu aujourd'hui, c'est que je dois faire un voyage qui m'éloignera de Vimeux pendant quelques jours.
— Vous ignorez donc, monsieur Mimard, que ma fille a été privée de son emploi.
— Je sais qu'il plaît à M. le curé d'avoir dans son église des orgues muettes, mais cela ne me regarde pas ; j'ai huit cents francs de traitement à donner à mon organiste, et je n'ai pas le droit de les garder dans mon secrétaire.
— Cependant, monsieur...
— Pour moi, madame, interrompit le notaire, Mlle Émérance, bien que condamnée au repos, ne cesse pas d'être organiste de la paroisse.
— Il est probable qu'avant peu ma fille sera remplacée.
— Ce n'est qu'une probabilité.
— Ainsi, monsieur Mimard, Émérance est obligée de rester à Vimeux jusqu'à l'arrivée d'une autre organiste ?
— Qui ne viendra pas, pensa le notaire.

Et il reprit tout haut :

— Assurément, madame.

Mme Burner réfléchit un instant et dit avec un soupir :

— Puisqu'il le faut, nous attendrons.
— Je n'en demande pas davantage, se dit le notaire.

Il salua Mme Burner et sortit.

Adrien l'attendait au bas de l'escalier.

— Eh bien ? demanda-t-il.
— Elles ne partiront pas, répondit maître Mimard en souriant.

Adrien accompagna le notaire jusque dans la rue, où il rencontra le facteur de la poste, qui lui remit une lettre adressée à Mme Burner. Il la lui porta aussitôt.

— C'est une lettre de Franz ! s'écria Mme Burner en reconnaissant l'écriture.

Après avoir brisé le cachet, elle tendit la lettre à Émérance en lui disant : Lis.

Le vieux musicien écrivait :

« Ma chère madame Burner,

« Depuis deux grands mois, je n'ai pas reçu de vos nouvelles ; malgré moi, je m'inquiète et je ne veux plus attendre pour vous demander : Que faites-vous ? Vous plaisez-vous toujours bien à Vimeux ? Êtes-vous toujours heureuses ? Vous êtes, vous et votre chère fille, ma préoccupation constante. Je voudrais savoir, chaque jour, à toutes les heures, ce que vous faites, ce que vous dites, ce que vous pensez.

« Depuis quelques jours, votre silence, que je ne m'explique pas, met dans ma tête des idées noires qui me tourmentent.

« Vous et votre chère Émérance, madame Burner, vous êtes tout pour moi, la famille, le bonheur et même la vie, car, sans votre souvenir qui réchauffe constamment le cœur rajeuni du vieux Franz, il y a longtemps qu'il ne battrait plus.

« Que je voudrais être la petite mouche qui se promène sur ma table ! Je me glisserais sous l'enveloppe et dans deux jours je serais près de vous... Dites-moi si je ne redeviens pas enfant !

« A bientôt, chère madame Burner ; embrassez pour moi la blondine et ne tardez pas à répondre à votre ami.

« FRANZ.

« P.-S. — Je viens de compter mes économies ; je possède soixante francs moins quelques centimes. Mon trésor est là, devant moi, sur la table. Vais-je le remettre dans ma commode, ou bien vais-je l'employer immédiatement comme vous savez ?... »

— Et c'est tout, dit Émérance. Pourquoi ne nous annonce-t-il pas son arrivée ?
— Le post-scriptum de sa lettre nous prouve son indécision, reprit Mme Burner ; il aura voulu y regarder à deux fois avant d'entreprendre un voyage aussi long et fatigant pour un vieillard de son âge.
— Ce n'est pas cette considération qui pourrait arrêter Franz, ma mère. Je crois qu'il attend de vous un mot qui lui dise : Venez.
— J'aurais certainement beaucoup de plaisir à revoir cet excellent Franz, si fidèle et si sincère ami.
— Écrivez-lui donc une lettre bien affectueuse, chère mère, et dites-lui que la blondine, comme il m'appelle, n'oubliera jamais le vieil ami de son père.

Mme Burner écrivit immédiatement sa réponse, qui partit le jour même.

Dans certaines contrées de la France, une vente à la criée est presque une fête villageoise. Une coutume très ancienne convie même tous les acquéreurs à un repas offert par le vendeur.

A l'heure indiquée pour la vente dont nous avons parlé au commencement de ce chapitre, les paysans arrivèrent en foule chez l'aubergiste Glouse et se pressèrent, comme des harengs dans une tonne, dans la plus vaste salle du cabaret, dont les tables avaient été enlevées.

Dans la pièce voisine, maître Paul Niquet et son épouse, qui riait ce jour-là à l'idée du gain de la soirée, surveillaient les fricassées qui cuisaient, rôtissaient et brûlaient même dans une douzaine de pots et casseroles de forte dimension rangés en demi-cercle devant la grande cheminée pleine de feu. Le fumet de toutes ces viandes, fortement épicées selon la mode du pays, pénétrait dans la salle de vente et réjouissait l'odorat des Vimeusains, ce qui ne pouvait que les engager à pousser hardiment les enchères.

Dans un coin, occupant un très petit espace, maître Mimard et son clerc étaient assis devant une table couverte d'une quantité d'actes préparés à l'avance.

A quelques pas, Antoine et Claviot causaient ensemble.

— Je serai au milieu d'eux, disait ce dernier ; je ferai chorus à vos paroles, et à nous deux nous les entraînerons. Toujours les moutons de Panurge, mon cher !... L'auditoire sera nombreux, tant mieux, la victoire n'en sera que plus complète.
— J'ai prévenu quelques camarades qui m'ont promis leur concours, reprit Antoine.

A quatre heures un quart, le crieur Morey grimpa sur une lourde table de chêne et, d'une voix de tonnerre, commanda le silence. Ce qui étonna singulièrement les Vimeusains, c'est qu'ils virent le fourrier Antoine monter sur la table à côté du crieur.

Dès que le notaire jugea le silence suffisant, il fit un signe au sieur Morey, et la vente commença.

Nous ne ferons pas ici le tableau d'une vente publique dans un village, ne pouvant intéresser nullement nos lecteurs ; nous leur dirons seulement qu'Antoine essaya consciencieusement la force de ses poumons à un genre d'exercice nouveau pour eux.

La vente terminée, le jeune homme resta debout sur la table et réclama quelques minutes de silence. La curiosité arrêta la parole sur toutes les lèvres. Tous les regards se portèrent sur le sous-officier.

— Messieurs, dit Antoine d'une voix sûre et vibrante, je vous demande de m'écouter, si je me permets de dérober quelques instants à vos occupations, c'est qu'il s'agit d'une chose grave; l'honneur de la commune est compromis.

Il y eut comme un frémissement dans l'assemblée.

— Parle, Antoine, parle, dit un paysan.

— Oui, je peux parler, reprit le jeune homme, car vous êtes tous des hommes sérieux et je suis sûr d'être compris.

Un murmure approbateur interrompit un instant le fourrier.

— Messieurs, continua-t-il, sans nous en douter nous prêtons tous la main à une odieuse injustice. En mourant, un de nos concitoyens, justement regretté, fit don d'un orgue à la paroisse de Vimeux. Une jeune fille, appelée de Paris, est venue remplir les fonctions d'organiste. Son talent est tel que nous nous sommes félicités de posséder dans notre modeste commune une artiste de premier ordre. Tous, nous avons accueilli Mlle Burner avec enthousiasme. Dernièrement, l'entrée des orgues a été interdite à l'organiste; la population s'en est émue; mais personne n'a élevé la voix pour demander la raison de cette mesure rigoureuse qui semble accuser l'organiste et permet à tous de douter de son honorabilité. Comme moi, messieurs, vous savez de quelle manière les dames Burner sont considérées à Vimeux depuis quelques jours. Interrogez vos consciences, et dites-moi si deux pauvres femmes ainsi traitées ne doivent pas intéresser et trouver des défenseurs; que dis-je? déjà ils sont trouvés, car je vois à vos regards que la pitié entre dans vos cœurs.

« A Dieu ne plaise que j'accuse mes concitoyens de cruauté. Le renvoi de l'organiste demandait à être justifié; on a cherché des explications, et des on dit sont sortis des suppositions et des doutes qui, malheureusement, ne tardèrent pas à être regardés comme des certitudes.

« Enfant de Vimeux comme vous tous, messieurs, je dois tenir à la bonne réputation de mon village, et défendre, suivant votre expression, l'honneur du clocher. Il est donc de mon devoir de vous révéler la cause véritable du renvoi de votre organiste et de dire: Vous devez vous révolter contre un arrêt injuste si vous ne voulez devenir les complices volontaires de l'injustice. »

Ici l'orateur fut interrompu par une sourde rumeur qui, s'élevant peu à peu, menaçant d'éclater en cris tumultueux, pouvait tout compromettre.

Mais Antoine avait des auxiliaires actifs mêlés parmi ses auditeurs. La petite voix criarde de Claviot se faisait surtout entendre.

— Antoine a raison; je suis de son avis, écoutons-le, disait-il.

Enfin, le silence se rétablit, Antoine continua:

— La porte des orgues a été fermée à l'organiste pour cette seule raison: Avoir refusé un mari qu'on lui offrait.

Ces paroles furent suivies de quelques oh! oh! très expressifs.

— Dites-moi, messieurs, reprit Antoine, si quelqu'un a le droit d'imposer à l'organiste un homme qui ne lui plaît pas?

— Certes non! cria la voix de Claviot.

Et cent autres voix répétèrent sur tous les tons:

— Non, non!

De tous côtés les paysans se disaient:

— Antoine ne nous dit point quel est le futur proposé.

Par un scrupule facile à comprendre, Antoine aurait voulu que personne ne fût désigné; mais Claviot, moins discret, et ne voyant rien à ménager, nomma le sacristain.

Ce nom du carillonneur vola de bouche en bouche; il fut accueilli par de bruyants éclats de rire.

— Pas possible! disaient les uns.

— C'est incroyable! reprenaient les autres.

— C'est par trop fort! criait-on.

— L'organiste a refusé, c'est facile à comprendre, disait tout le monde.

— Maintenant, messieurs, reprit Antoine, quand il parvint à faire entendre sa voix, Mme Burner et sa fille ont été calomniées, outragées, la commune tout entière leur doit une réparation éclatante, et c'est à vous tous, pères et chefs de famille, que je confie le soin de leur réhabilitation; c'est vous qui direz au mensonge et à la calomnie: Arrêtez. Alors, grâce à votre initiative l'honneur sera rendu à une noble mère et à sa fille innocente. Je ne vous dirai point toutes les douleurs qui ont torturé ces deux pauvres femmes; vous comprenez ce qu'elles ont souffert et ce qu'elles souffrent encore... Mais si dans votre esprit un doute restait, dites-vous, messieurs, qu'en prenant la défense des dames Burner, l'enfant de Vimeux revenu d'Afrique, portant sur sa poitrine l'étoile de l'honneur, répond, devant tous, de leur honorabilité.

Des bravos répétés répondirent à ces paroles.

— Antoine, dit un vieillard, le père Foissey, dont nous avons déjà parlé dans un de nos premiers chapitres, loin de douter encore, tu nous as tous convaincus; le mal qui a été fait par nous ou les nôtres sera réparé. Je viens de le dire, tout à l'heure, il s'agit de l'honneur de la commune. Tu as bien parlé, mon garçon, très bien parlé, et moi, un des plus vieux du village, au nom de tous, je te remercie.

— Très bien, très bien! applaudit la foule.

— Je savais d'avance, messieurs, dit Antoine, que ma voix trouverait de l'écho dans vos cœurs. Je suis heureux d'avoir été aussi bien compris. Maintenant il me reste une dernière chose à vous demander. On a renvoyé notre organiste, il faut qu'on nous la rende.

— Oui, oui! cria-t-on.

— Voici donc ce que j'ai à vous proposer: Dimanche prochain, une heure avant la messe, nous nous réunirons tous à la porte de l'église. Deux d'entre nous iront trouver M. Saugerot et le prieront, au nom de tous les habitants, de renvoyer à l'organiste la clef de la galerie des orgues.

— Et s'il refuse? dit une voix.

— Nous serons tous là, reprit Antoine; nous verrons ce qui nous restera à faire.

— Eh bien, donc, à dimanche.

Et toute l'assemblée répéta:

— A dimanche.

XXIV

CE QUI ARRIVE A M. SAUGEROT

Tout le monde sortit de la salle de vente, afin de permettre au cabaretier d'y dresser une table de quarante et quelques couverts, autour de laquelle vinrent s'asseoir les ayants droit, y compris maître Mimard, son clerc et le sieur Morey.

A côté du notaire, on remarqua une place qui attendait vainement son convive; elle avait été destinée à Antoine. Mais le fourrier avait refusé l'invitation du vendeur en prétextant un grand mal de tête.

Il était sorti de la salle de vente un des derniers, après avoir remercié ses amis et le père Foissey, qui avaient chaleureusement soutenu ses paroles. La nuit était venue, profonde, car les nuages épais voilaient le ciel dans toute son étendue.

A une vingtaine de pas du cabaret, un homme sauta au cou d'Antoine et l'embrassa en le serrant à l'étouffer. C'était Adrien.

— Es-tu content?...

— Si je suis content! Et c'est toi qui me demandes cela!... Ah! mon brave Antoine, que je t'aime!... Tiens, il faut que je t'embrasse encore.

— Tes embrassements ne me déplaisent pas; cela vient d'un bon cœur; mais, pour Dieu, calme-toi; si nous étions vus, on rirait de nous. Heureusement qu'on y voit comme dans un four.

— Est-ce que tu soupes chez Glouse?

— Je n'aime pas assez ces sortes de réjouissances pour cela; je me suis excusé.

— Tant mieux, car je t'emmène avec moi.

— On ne s'empare pas de moi si facilement, mon cher Adrien. Veux-tu donc m'exhiber comme une bête curieuse devant Mme Burner et sa fille? Le moment est mal choisi pour me présenter à elles; j'aurais l'air d'aller quêter des remerciements. D'ailleurs, ma sœur m'attend en compagnie de trois bécassines que j'ai tuées ce matin en me promenant au bord de la rivière. Mais il me vient une idée: c'est moi qui t'emmène pour les manger avec nous. Avec quelques bouteilles de son bourgogne que je connais, ce n'est pas un repas à dédaigner.

Les deux amis s'en allèrent gaiement en se donnant le bras.

Il arriva ce qu'Antoine avait pu facilement prévoir après le succès complet de son plaidoyer en faveur de Mme Burner et d'Emérance. Les parties saillantes de son discours furent répétées le soir même dans tout le village et portèrent immédiatement leurs fruits. La calomnie avait été accueillie vite et facilement; le revirement de l'opinion fut instantané. On comprit le tort qui avait été fait à l'organiste et à sa mère et combien elles devaient être malheureuses. On s'apitoya sur elles. Les faits présentés par la calomnie furent rejetés avec horreur; on se plaisait à en faire ressortir l'absurdité. Les vertus de Mme Burner étaient exaltées; chacun reconnaissait ses droits à l'estime de tous. Pour tout le monde, l'organiste redevenait un ange; on ne songeait même plus à jalouser ses talents, sa distinction. Ceux qui avaient crié le plus contre la mère et la fille déclarèrent qu'ils n'avaient jamais cru un mot des propos méchants tenus sur elles. Bref, il se trouva que, non seulement personne n'avait ajouté foi aux bruits calomnieux, mais encore que nul n'avait inventé de pareilles infamies.

Ce qui s'était passé dans la salle de vente avait été raconté à Mme Burner par Adrien. Elle y avait vu un sujet d'espoir; mais elle était loin de s'attendre à l'heureux changement qui allait se faire en sa faveur. D'ailleurs elle n'aurait pu croire à une réaction aussi immédiate.

Ce fut donc avec une surprise joyeuse qu'elle reçut, dès le lendemain matin, plusieurs personnes qui venaient lui renouveler l'assurance de leur amitié. Mme Burner savait, maintenant, combien l'amitié de certaines gens vaut peu; elle les écouta les protestations sans s'y laisser prendre de nouveau; mais tout en doutant de la sincérité des femmes qui se disaient ses amies, elle reçut leur visite avec une satisfaction extrême, car elles lui apportaient la consolation.

Le dimanche arriva.

A l'heure désignée par Antoine, une foule d'hommes de tous les âges se rassembla devant le portail de l'église. Presque toute la population masculine du village se trouvait au rendez-vous. Certes, le fourrier n'avait pas compté sur une majorité aussi imposante.

Antoine, arrivé un des premiers, se trouvait, avec quelques jeunes gens, au centre du rassemblement.

— Messieurs, dit-il, vous savez pourquoi nous sommes ici; je crois qu'il est inutile d'attendre plus longtemps. Veuillez désigner deux personnes pour aller trouver M. le curé et lui demander la clef des orgues.

— Toi, Antoine, pourquoi n'irais-tu pas? dit un paysan.

— Oui, oui, Antoine ira! cria la foule.

— Je le veux bien, puisque vous le désirez, répondit le jeune homme. Qui viendra avec moi?

— Qui tu voudras. Choisis.

— Père Foissey, voulez-vous m'accompagner?

— Volontiers, mon garçon, répondit le vieillard.

Le cercle formé autour d'Antoine s'ouvrit, et le vieillard et lui se dirigèrent vers la cure.

M. Saugerot, prévenu par sa sœur, vint recevoir les visiteurs dans l'antichambre.

Quelque chose de ce qui s'était passé chez l'aubergiste Glouse lui avait été déjà raconté; il se montra avec un visage très froid. La vue du fourrier parut lui déplaire et l'irriter.

— Que désirez-vous, messieurs? demanda-t-il d'un ton brusque.

— Nous venons vous prier, monsieur le curé, répondit Antoine, au nom de tous les habitants de Vimeux, de vouloir bien rendre à la paroisse son organiste.

Les sourcils de M. Saugerot s'abaissèrent jusque sur ses yeux.

— Si vous êtes réellement l'interprète de tous mes paroissiens, dit-il avec aigreur, je reconnais qu'on ne m'a point trompé en me parlant d'un grand scandale dont vous êtes l'auteur. Vous savez ce que je veux dire, n'est-ce pas? Ce sont vos belles paroles, vos menées impies, monsieur, qui cherchent à entraîner les habitants de Vimeux à méconnaître l'autorité de leur pasteur, à manquer de soumission et de respect à sa volonté.

— Je ne sais quels rapports vous ont été faits, monsieur le curé, répliqua Antoine avec douceur; mais je crois n'avoir jamais scandalisé personne. J'excuse votre emportement, qui peut-être un résultat d'une erreur, et j'oublie ce qu'il y a de blessant pour moi dans vos paroles acerbes. Mais veuillez me prendre en considération la démarche que nous faisons, M. Foissey et moi. La commune espère, monsieur le curé, que vous lui rendrez ce que vous ne voudrez pas lui refuser ce qu'elle vous supplie de lui accorder.

— Je ne subis aucune influence, monsieur Antoine; je ne permets à personne de s'immiscer dans les affaires qui ne regardent que moi.

— Cette réponse est-elle un refus que vous nous donnez, monsieur le curé?

— Vous pouvez la considérer ainsi, monsieur.

— Eh bien, monsieur le curé, je crois que vous avez tort, dit le père Foissey, qui jugea à propos de prendre la parole.

— Que voulez-vous, monsieur Foissey, reprit le curé, moi je crois avoir raison.

Le vieillard hocha tristement la tête.

— Ce que nous demandons, monsieur le curé, est cependant bien peu de chose, dit Antoine.

— Vous n'avez pas la prétention de forcer ma volonté, je pense, répliqua M. Saugerot avec hauteur. Vous avez ma réponse.

— Ce n'est pas celle que nous désirons emporter.

— J'en suis fâché. Mais sachez bien ceci: Tant que je serai à Vimeux, Mlle Burner n'en sera pas l'organiste.

Après ces paroles, les deux hommes, n'ayant plus rien à espérer, se retirèrent.

— L'entêtement de notre curé lui fera du tort, dit le père Foissey à Antoine.

— Je le crains.

— Ça me fait de la peine pour lui. M. Saugerot serait un brave homme si...

— S'il n'avait pas ses défauts, interrompit Antoine.

— Ou plutôt s'il n'était pas curé, répliqua le vieillard avec un fin sourire.

Ils rejoignaient ceux qui les attendaient. Tout le monde les interrogea à la fois. Seul, Claviot, appuyé contre le tronc d'un tilleul, souriait sournoisement, car il avait prévu la réponse du curé.

— Mes enfants, répondit le père Foissey, nous vous apportons une mauvaise réponse: M. le curé refuse de nous rendre l'organiste.

Alors, les paysans manifestèrent leur mécontentement par de sourdes exclamations. Les plus hardis proférèrent même des paroles menaçantes.

— Nous l'aurons malgré lui, disait-on. Il serait vraiment curieux que la volonté d'un seul homme nous arrêtât. M. le curé nous brave tous; c'est trop d'audace.

— Puisqu'il ne veut pas ouvrir la porte des orgues, cria un Vimeusain, enfonçons-la.

— Oui, il faut l'enfoncer, répétèrent les autres en chœur.

— Ce serait employer un mauvais moyen, messieurs, dit Antoine, le bon droit est pour nous, gardons-le. Une action irréfléchie et coupable amènerait des conséquences fâcheuses qui, en nous compromettant, nous feraient perdre tous nos avantages.

— C'est vrai, dirent les uns.

— Alors, que faut-il faire? demandèrent les autres.

— Je le sais, moi, dit Claviot, en montant, pour se grandir, sur une pierre sépulcrale.

Ses petits yeux étincelèrent et un petit sourire singulier crispa ses lèvres minces.

— Mes amis, dit-il, quand il vit tout le monde disposé à l'entendre, la situation est difficile, mais la commune peut en sortir avec honneur. Comme nous le disait tout à l'heure Antoine, fort judicieusement, gardons-nous de mettre les torts de notre côté. Ainsi donc, pas de violence... mais provoquons, cependant, à M. Saugerot, une action qui le mécontente pas impunément ses paroissiens. Agissez tous ensemble et d'énergiquement: empêchez vos femmes, vos filles, vos mères, vos sœurs d'assister à la messe aujourd'hui. Tout à l'heure, quand il montera à l'autel, que M. le curé ne voie dans l'église que ses dévotes, son sacristain et les chantres. Cette manifestation, croyez-le, le forcera à réfléchir; il reconnaîtra son erreur, et, sans mériter aucun blâme, vous aurez bientôt raison d'un entêtement systématique, d'une tyrannie révoltante.

Claviot se tut. Un instant, la foule resta silencieuse. Mais la proposition du peintre parut plaisante à quelques-uns, ses admirateurs; — ils se mirent à rire et les autres les imitèrent.

— Personne à la messe, ce sera drôle, dit-on.

— Adopté! hurlèrent les paysans tout en continuant à rire aux éclats.

Presque aussitôt la foule s'éparpilla, les paysans disparurent et Antoine et Claviot se trouvèrent seuls.

— Eh bien, que pensez-vous de cela? demanda ce dernier.

— L'effet sera terrible, répondit Antoine.

— J'y compte bien, fit le peintre avec un petit rire suffisant. Mais ce n'est pas tout.

— Que voulez-vous dire?

— Mon sergent, répondit Claviot avec une gravité affectée, une comédie comme celle qui se joue à Vimeux mérite bien un compte rendu. Au revoir. Je vais tailler ma plume.

Peu après, les trois cloches de Vimeux, sonnant à grande volée, appelaient les fidèles à l'église. Spectacle étrange, dont le village gardera longtemps le souvenir, nul ne parut entendre la voix du bronze... Les Vimeusaines ne se montrèrent point dans les rues et les portes des maisons restèrent fermées.

Nous ne dirons pas toutes les pensées qui passèrent, comme de sinistres lueurs, dans la tête de M. Saugerot, en se voyant contraint d'officier devant les bancs déserts. Le sang lui monta au cerveau; il en fut suffoqué. Ses oreilles sonnaient comme des timbres, sa voix avait des accents lugubres et ses yeux flamboyants roulaient, égarés, sous ses paupières tourmentées. Mais il ne songea pas à regretter d'avoir répondu par un refus aux envoyés de la commune. M. Saugerot n'était pas homme à s'avouer ses torts, à déplorer une erreur; pour rien au monde il n'aurait voulu abdiquer une parcelle de son autorité, il était bien moins encore disposé à se repentir.

Quant à M. Gousselet, épouvanté de la tournure que prenaient les choses, il aurait voulu pour beaucoup ne pas y être mêlé. Il semblait fuir les regards de ses administrés; c'est à peine s'il osait sortir de sa maison. Son ressentiment contre Mme Burner et Emérance existait toujours. Sa manière de voir n'avait pas changé, sans doute, mais son langage s'était singulièrement radouci. Il se gardait comme d'un malheur de laisser découvrir en lui un sentiment hostile. En présence de M. Saugerot, il essayait encore de se montrer fort; c'était comme des velléités de bravoure qui lui arrivaient vite et le quittaient aussitôt. Mais sa tête se dressait moins haut, son regard perdait sa fierté et sa voix son arrogance.

Le curé s'emportait contre lui, et, pour l'exciter, lui faisait sentir l'aiguillon de ses sarcasmes.

— On dirait que vous avez peur de quelques braillards, que vous tremblez, lui disait-il.

— Moi ! Oh ! que non, protestait le maire.

— Alors, pourquoi êtes-vous aussi mou ? Est-ce du sang ou du lait qui coule dans vos veines ? Si vous n'êtes pas un homme portez la jupe et non le pantalon.

XXV

OU LE LECTEUR REVOIT UNE ANCIENNE CONNAISSANCE

Près les vêpres, qui furent chantées en présence de quatre ou cinq dévotes et des tableaux représentant les scènes de la passion, M. Saugerot fit dans le village quelques visites, afin de ramener à lui les notables de ses paroissiens. Pour donner plus d'autorité à sa parole, il ne manqua pas de dire que M. Gousselet avait été le premier à demander le renvoi de l'organiste. — Cela ne prouve qu'une chose, lui fut-il répondu, c'est que vous avez tort tous les deux.

Et comme les paysans, quand ils le veulent, ne manquent pas d'obstination, M. Saugerot eut la contrariété d'en être pour ses discours et ses visites. N'était-ce pas bien humiliant ?... Aussi, Dieu sait la grande colère qui grondait en lui contre Antoine... Il le maudissait et l'excommuniait de tout son cœur...

— Je ne céderai pas, non, je ne céderai pas, s'écriait-il avec explosion ; je lui tiendrai tête, à cet Antoine.

Pendant qu'il visitait les principaux fermiers de Vimeux, ainsi que nous l'avons dit, une scène intéressante se passait à l'entrée du village.

Quelques femmes causaient, assises sur le haut d'un talus gazonné et fleuri. Sous leurs yeux, une bande d'enfants, blonds, roses, et bouffis comme des amours de Boucher, se roulaient dans l'herbe avec des cris joyeux et des éclats de rire.

L'attention des jeunes mères fut attirée, tout à coup, par un voyageur qui n'était plus qu'à une faible distance du village.

Étranger à la commune, ce voyageur devait être un habitant de la ville ; car son vêtement, sans être d'une coupe bien nouvelle, n'appartenait à aucune classe de campagnards.

Il marchait lentement. Sa main droite s'appuyait sur une énorme branche de vigne transformée en bâton ; la gauche portait un sac de voyage aux flancs assez arrondis. Quoique grand, ce vieillard se tenait très droit. Sa figure sans barbe était sèche, allongée et ridée ; mais il y avait dans son regard vif, plein d'éclat, quelque chose de jeune encore qui surprenait.

Il s'arrêta sur le chemin, près des jeunes femmes, en les saluant, puis il regarda un instant, avec un sourire heureux, les marmots qui continuaient à s'ébattre sur le gazon.

S'adressant à l'une d'elles il demanda :

— Si on m'a bien renseigné dans le dernier village que j'ai traversé, je dois être à Vimeux.

— On ne vous a pas trompé, monsieur, vous êtes bien à Vimeux.

— En ce cas, mesdames, je suis arrivé au terme de mon voyage.

— Vous venez probablement chez les dames Burner ?

— Vous avez deviné et je suis impatient d'aller les embrasser. Voulez-vous avoir l'obligeance de m'indiquer leur demeure.

— Peut-être ne trouveriez-vous pas facilement la maison de la veuve Mathié, quoique paysanne ; il vaut mieux qu'on vous conduise jusque-là.

— Jules, reprit la paysanne en s'adressant à un petit garçon de sept ou huit ans, tu vas accompagner monsieur jusqu'à la maison de Mme Mathié, tu sais, où demeure la belle demoiselle.

— Oui, maman, je sais bien, répondit le petit Jules, dont les grands yeux intelligents brillaient comme des escarboucles.

— Et tu auras ceci pour ta peine, dit le vieillard en mettant dans la main de l'enfant une pièce de dix sous.

M. Jules, ravi, tourna et retourna la pièce blanche dans sa main, la fit passer rapidement sous les yeux de sa mère et la plongea dans la poche de son pantalon ; puis il regarda l'étranger comme pour lui dire :

— Votre guide vous attend.

Le vieillard comprit ; il salua amicalement les jeunes femmes et s'éloigna avec l'enfant.

Au bout de quelques minutes, celui-ci s'arrêta dans la rue.

— C'est là, dit-il au voyageur en lui désignant la porte d'une maison.

Et il s'en alla en courant pour rejoindre plus vite ses petits camarades.

Le vieillard s'avança vers la maison ; mais la peine de frapper à la porte lui fut épargnée. Il en était encore à quelques pas, lorsqu'elle fut ouverte par Emérance, qui s'élança au cou du voyageur.

En regardant à travers les vitres de la croisée, la jeune fille avait aperçu le vieillard et reconnu Franz.

— Mon bon ami, lui dit-elle en le faisant entrer dans la maison, je savais bien que vous viendriez. Sans le dire précisément, votre lettre le laissait deviner. Quelle joie !... L'agréable surprise !... Oh ! maman va être bien heureuse !...

Et, pendant que la veuve Mathié faisait asseoir le voyageur et le débarrassait de son bâton, elle s'élança, joyeuse et légère, dans l'escalier. Elle reparut presque aussitôt avec Mme Burner.

— Madame Burner, je vous revois donc ! dit Franz d'une voix que l'émotion rendait tremblante.

— Cher Franz, vous êtes le bienvenu, dit la veuve.

On s'assit, puis chacun parla avec abandon.

— Excellent ami, disait Mme Burner, vous nous donnez là une bien grande preuve de votre amitié.

— Qu'est-ce tout cela ? reprit Franz. Il s'agissait de vous revoir. Ah ! madame Burner, si j'étais riche ! je me fixerais dans ce pays, près de vous ; je renoncerais à Paris. Paris... depuis que vous n'y êtes plus, il me déplaît, il m'ennuie.

— Pauvre ami, murmura Mme Burner.

— Mais je ne suis pas riche ; reprit le vieillard ; mon rêve ne pourra point se réaliser. Si seulement il y avait un théâtre à Vimeux et qu'on voulût m'y engager avec mon violon.

— Malheureusement, Franz, Vimeux n'a pas de théâtre.

— Et moi je suis fou d'avoir des idées impossibles.

— Nous vous garderons aussi longtemps que vous le voudrez, Franz, dit Emérance en se penchant gracieusement vers le vieillard. D'ailleurs, nous ne vous laisserons pas partir avant le jour de...

— Le jour de !... répéta Franz.

Et, voyant que la jeune fille souriait en regardant sa mère, il se tourna lui-même du côté de Mme Burner.

— Emérance parlait de son mariage, dit la veuve.

— Quoi ! elle se marie !... s'écria le vieillard.

— Oui, Franz, bientôt, dit la jeune fille.

— Eh bien, à la bonne heure, fit le vieil artiste tout joyeux. Voyez-vous, continua-t-il, si je n'ai pas la chance de me montrer toujours au bon moment !

La porte de la maison s'ouvrit et Adrien entra.

— Voilà mon futur mari, dit Emérance à l'oreille de Franz.

Le vieillard se retourna. Les deux hommes se saluèrent.

— C'est un beau garçon, dit Franz tout bas à Mme Burner.

Et son regard ayant rencontré celui de la jeune fille, il sourit comme pour lui dire :

— Il me plaît, je suis content.

Comme bien on pense, Franz fut mis au courant de tout ce qui s'était passé à Vimeux depuis quelque temps. Il ne manqua pas de plaindre ses amies, de s'emporter contre le maire et M. Saugerot, et enfin de rire de tout son cœur en écoutant Adrien lui raconter ce qui s'était passé le matin même : la manifestation des habitants de Vimeux, le désappointement, la colère et la confusion du curé.

— Donnez-moi un conseil, Franz. Que devons-nous faire ? demanda Mme Burner.

— Rester à Vimeux et attendre, répondit-il. D'abord, M. le curé ne pourra résister à la volonté de la population ; ensuite, d'après vos paroles et celles de M. Mathié, je juge que vous avez dans le notaire un ami sincère et un appui beaucoup plus ferme qu'il ne voulait le laisser voir. Mon opinion est que, sous une indifférence simulée, il cache un grand intérêt pour Emérance.

— Cette idée m'est venue plusieurs fois, dit Adrien.

Le souper venait d'être servi par la veuve Mathié. On se mit à table. Franz avait un grand appétit ; il fit honneur à la cuisine de l'excellente femme. Le petit vin du pays parut lui plaire beaucoup. Il vida son verre, plusieurs fois, à la santé des deux mères et au bonheur des jeunes gens.

— C'est singulier, disait-il, comme je me sens dispos et fort ; c'est à me faire croire que j'ai laissé à Paris la seconde moitié de mon âge. Décidément, même pour un vieillard, le plaisir est quelque chose.

Emérance voulut que Franz visitât leur petit logement. On le mit en rapport au premier et il examina tout complaisamment avec satisfaction.

Il ouvrit le piano de la jeune fille et ses doigts passèrent sur toutes les touches.

— Demain, je l'accorderai, dit-il en nommant l'une après l'autre toutes les notes fausses.

Ses yeux se portèrent ensuite sur le violon de Stéphen. Il le décrocha, noua deux cordes cassées et les mit en accord :

— Précieux instrument, dit-il en le regardant avec tendresse, tu vaux ton pesant d'or... Hélas! depuis longtemps ta voix s'est éteinte. Celui qui savait si bien te faire chanter, pleurer ou rire, n'est plus là pour te rendre la voix et la vie. Tu sommeilles, permets-moi de te réveiller pour un instant.

Il prit l'archet et exécuta un morceau composé sur les motifs de *Don Juan*, de Mozart.

Le talent de Franz, parfait d'exécution, ne s'était peut-être jamais révélé avec autant de puissance. On aurait dit que l'âme de Stéphen Burner était passée en lui et lui donnait la science du mort. C'était la même énergie, le même coup d'archet, tirant de l'instrument les mêmes accents profonds, sauvages, parfois tendres ou railleurs.

Franz cessa de jouer. Adrien et sa mère, émerveillés, applaudirent. Mme Burner pleurait à chaudes larmes. Emérance l'avait entouré de ses bras et couvrait son front de baisers.

XXVI

UN ARTICLE DE JOURNAL

N matin, Claviot alla trouver Antoine. Sa figure souriante disait qu'il éprouvait une grande joie. Tout ce qu'il y avait de malice dans sa petite personne se reflétait dans son regard vif et pétillant.

— Vous avez l'air d'un homme bien satisfait, content de lui et des autres, dit Antoine.
— Vous trouvez?
— Oui. D'où vous vient tout ce bonheur?
— Devinez, fit le peintre avec un demi-sourire mystérieux.
— Je parierais cent contre un que vous venez m'annoncer du nouveau, quelque chose d'extraordinaire.
— Oh! oh! votre imagination va trop loin. Si vous vous attendez à du merveilleux, je vais manquer mon effet.
— Voyons, de quoi s'agit-il?

Claviot sortit de sa poche un journal, — la feuille importante du département; il le déplia, et le plaçant sous les yeux d'Antoine :

— Lisez, dit-il en mettant le doigt sur le milieu de la deuxième colonne.

Antoine lut avec rapidité l'article désigné. Son signataire était l'un des principaux rédacteurs du journal, homme estimé et qui avait acquis une certaine célébrité dans le département. Sous ce titre : *Une comédie à l'ineux*, l'article en question racontait dans tous les détails, et cependant avec beaucoup de concision, les exigences de M. Saugerot envers l'organiste, la part que le maire y avait prise, et la lutte de la population contre le curé. Tout cela était écrit d'un style fougueux, finement railleur et parfois très mordant. Le maire et M. Saugerot n'étaient pas épargnés; l'esprit du conteur les flagellait à outrance. Les prétentions ridicules des deux hommes étaient si bien mises en évidence qu'il était impossible que les lecteurs ne les condamnassent point. L'écrivain concluait en appelant l'attention sur des faits aussi graves : « car, disait-il, ils blessent la justice, la liberté individuelle, font méconnaître le respect qu'on doit à l'autorité et peuvent entraîner à des désordres bien autrement déplorables.

Après avoir lu, Antoine se tourna vers Claviot.

— M. Gousselet, dit-il, fera bien de lire cet article avant de déjeuner, sans cela, il n'est pas sûr de faire une bonne digestion.
— Qu'en dites-vous? Il est assez malmené comme cela.
— C'est même un peu rude, dit Antoine en souriant.
— Vous le plaignez?
— Oui, car en somme, il n'est pas méchant. Mais pour en revenir à l'article, je vous fais mes compliments sincères sur la façon dont il est écrit. Je vous savais habile à manier le pinceau et les couleurs, mais je ne vous connaissais pas le talent d'écrire. La plume est un instrument dont vous savez vous servir. Vous auriez pu faire un critique fort distingué.
— Vous croyez donc que je suis l'auteur de l'article?
— Parbleu! Avec ça qu'on ne s'aperçoit pas que vous avez contre M. Gousselet et M. Saugerot de vieilles rancunes. Sous le prétexte de défendre l'organiste, vous accomplissez, très adroitement, je l'avoue, une vengeance toute personnelle.

— Ma foi, je pourrais, devant vous, me parer à mon aise des plumes du paon, mais je préfère vous détromper. Voici la vérité : l'article appartient réellement à celui qui l'a signé; seulement je suis son collaborateur; c'est moi qui lui ai fourni le canevas.

Aussitôt levé, M. le maire était allé, comme à l'ordinaire, ramasser sous des arbres les fruits tombés pendant la nuit. En revenant du verger, il avait demandé à la servante si le journal était arrivé. Il lui fut répondu que oui et qu'il le trouverait dans sa chambre sur le bureau. Satisfait, M. Gousselet entra dans son appartement. Il prit le journal et l'ouvrit. Le titre du fameux article lui sauta aux yeux; il lui sembla d'abord qu'il avait mal lu; il nomma chaque lettre, assembla les syllabes et fut convaincu que ses yeux n'étaient trompés par aucune illusion. Alors il commença à lire, mais très lentement, car il distinguait à peine les mots; il avait comme des éblouissements successifs.

Quand il eut tout lu, tant bien que mal, et jusqu'à la dernière ligne, le journal tomba de ses mains inertes; ses bras se détendirent, une plainte sourde râla dans sa gorge et sa tête s'inclina sur sa large poitrine. A l'exception de ses yeux, démesurément ouverts et qui regardaient le fatal journal avec terreur, tout en lui paraissait privé de vie.

Il resta ainsi longtemps dans une prostration complète. Eut-il quelques pensées? Nous l'ignorons. Mais il est probable que tout dut lui apparaître sous de sombres couleurs.

Cependant il parvint à secouer sa torpeur. Il ramassa le journal, le mit dans sa poche avec un mouvement fébrile et se dressa sur ses jambes. Le sang, un instant figé dans ses veines, se mit à bouillir. La colère lui rendit ses forces. Le lion se réveillait.

— Insulté! bafoué! gronda-t-il d'une voix rauque. Misérable journaliste!... Si je pouvais me venger!...

M. Gousselet sortit; il traversa une partie du village, n'osant regarder ni à droite ni à gauche. Il entra au presbytère. Le curé était dans son jardin, il alla le rejoindre.

M. Saugerot tenait un journal qu'il avait horriblement froissé; il se promenait à grands pas dans les allées, oubliant qu'il avait la tête nue et que le soleil dardait ses rayons de feu. Il accourut à la rencontre du maire.

Les deux hommes s'arrêtèrent en même temps à deux pas l'un de l'autre.

Le maire tira son journal de sa poche, le curé montra le sien.

— Vous avez lu? dirent-ils ensemble.
— C'est infâme! reprit le maire.
— Ignoble! dit le curé.
— Nous sommes en ce moment la risée du département.
— C'est un abominable scandale.
— Cela crie vengeance, dit le maire.
— S'attaquer à moi! fit M. Saugerot. Quel sacrilège!
— Un gouvernement ne devrait pas souffrir de semblables libertés.
— Tous ces écrivassiers sont inspirés par le démon.
— Que devons-nous faire? demanda M. Gousselet.
— C'est à moi, homme de foi, que vous demandez cela! s'écria le curé. Ah! si l'habit que je porte ne me commandait pas le pardon des injures, j'aurais bien vite raison de cet odieux pamphlétaire.
— Que feriez-vous donc?
— Ce que fait tout homme d'honneur quand il a été outragé. Je demanderais une réparation, et si on me la refusait...
— Si on vous la refusait?
— Eh bien, je me battrais.
— Un duel! fit le maire en frissonnant; mais on peut être tué.
— Ne vous épouvantez pas, répliqua le curé avec un sourire amer; je ne vous conseille pas d'aller provoquer ce journaliste.
— D'ailleurs, un père de famille ne fait pas de ces folies-là. Je me dois à ma femme, à mon fils, dit M. Gousselet.
— Méprisons l'article et celui qui l'a signé; ce sera notre vengeance.
— Elle est sans danger pour nous; mais elle ne me satisfait guère. Je suis frappé au cœur, à l'abbé.
— Adressons-nous au Seigneur, papa Gousselet; c'est lui qui guérit ceux qui souffrent et console les affligés.
— C'est facile à dire, cela; mais le mal n'en est pas moins fait. C'est vous, monsieur Saugerot, c'est vous qui êtes cause de tout ce qui arrive.
— Moi! vous perdez l'esprit, mon cher Gousselet; vous ai-je inspiré la fatale idée de marier votre fils à l'organiste? Est-ce ma faute si vous avez convoité les quarante mille francs du testament Ducray? dit le curé d'un ton dur.
— Je sais bien qu'avec vous tous les torts seront de mon côté, quand même j'aurais cent fois raison, répliqua le maire. C'est vous, cependant, qui avez voulu avoir des orgues; nos malheurs viennent de là. Sans vos orgues, cette

malheureuse organiste ne serait jamais venue à Vimeux. Maudit soit le jour où elle est entrée la première fois dans ma maison!...

— C'est cela; vous ne savez comment faire parler votre colère, et c'est de moi que vous vous plaignez.

— Oui, car je suis moqué, insulté, déshonoré...

— Ne suis-je pas outragé autant que vous?

— Le mal de l'un ne guérit pas celui de l'autre, dit le maire d'un ton lugubre.

— Vous êtes un profond égoïste, Gousselet.

— Si vous le voulez, monsieur le curé; mais je suis furieux, exaspéré...

Le maire s'en alla assez mécontent du curé. Celui-ci n'avait aucun motif d'être enchanté de M. Gousselet.

En rentrant chez lui, le maire se dit que, n'ayant encore rien pris de la journée, un bon déjeuner chasserait peut-être les tristes pensées qui le préoccupaient.

Il se fit servir un repas copieux. Sa faim s'apaisa, mais il n'en fut pas de même de sa colère. Dans son désespoir, il vida deux bouteilles de vieux vin et un flacon de fine eau-de-vie de marc.

M. Gousselet était un homme solide; il avait un tempérament d'une force peu commune: il ne s'enivra point. Ses idées s'embrouillèrent bien un peu dans sa tête, mais ses jambes ne refusèrent pas de le porter.

Cependant, les émotions qu'il avait subies le matin devaient avoir des suites malheureuses. Dans la soirée, après avoir vu rentrer dans ses granges deux voitures d'avoine et donné quelques ordres à ses journaliers pour le lendemain, il tomba dans sa cour frappé d'une attaque d'apoplexie.

Pendant qu'on le transportait dans sa chambre, Léon Gousselet faisait atteler un cheval à la carriole et courait chercher le médecin au chef-lieu de canton. Mme Gousselet, criant, se lamentant, presque folle, conserva, pourtant, assez de présence d'esprit pour envoyer sa bonne prévenir M. Saugerot, dont le ministère pouvait ne pas être inutile. Il accourut aussitôt. Mais ce qui était, pour le moment, le plus nécessaire à M. Gousselet, c'était le médecin.

Léon l'ayant trouvé heureusement chez lui, il l'amena aussi vite que possible à Vimeux.

XXVII

VIMEUX RIT

Nos lecteurs sont assurément désireux de savoir si la vie de M. Gousselet est en danger. Nous nous empressons de les rassurer. Le médecin, assez bon praticien, déclara qu'ayant été appelé à temps, M. le maire en serait quitte pour garder le lit pendant trois semaines ou un mois; après quoi, il pourrait vivre fort longtemps encore, s'il parvenait à se garantir de nouvelles attaques.

Il lui conseilla de jeûner et de boire plus d'eau que de vin. En suivant ce régime il éviterait une rechute dangereuse.

La maladie de M. Gousselet n'empêcha pas les Vimeusains de s'égayer en lisant l'article du journal, que Claviot leur communiquait avec une extrême obligeance. Quelques-uns en tirèrent des copies qui passèrent également de main en main. Il y en eut même qui prirent la peine d'apprendre l'article par cœur, afin de pouvoir le raconter exactement à leurs amis.

Au village, aux champs, on s'abordait en se demandant:

— Avez-vous vu le journal?

On parlait de M. Gousselet, de M. Saugerot et on riait. On citait un passage de l'article, on riait. Sans même se parler, si on se regardait, on riait encore. On riait toujours, à tout propos, souvent même à propos de rien. Le rire passait à l'état d'épidémie; tous les Vimeusains en étaient atteints.

C'était à qui rirait le plus fort et le plus longtemps.

Enfin, un Vimeusain quelque peu lettré, eut l'idée de mettre le fameux article en mauvais vers. Sur l'air de *Malbrough*, il composa une chanson en dix-huit couplets. La langue y était affreusement outragée, l'orthographe impossible. N'importe, la *chose* eut un succès immense. Chacun voulait avoir son exemplaire dans sa poche. Vimeux chanta et rit encore.

Chez la veuve Mathié, on passait des heures charmantes. Franz, rajeuni, aimait à causer; il forçait Mme Burner, attristée de voir ce qui se passait à Vimeux, à partager sa joyeuse humeur.

— Vous n'avez rien à vous reprocher dans tout cela, lui disait-il. Vous ne pouvez non plus en vouloir au zèle de vos amis qui ont mis le feu aux poudres. Plaignez le maire et le curé, punis par où ils ont péché, mais ne vous rendez pas malheureuse.

Franz faisait souvent de la musique avec Emérance; tout ce que la jeune fille possédait de morceaux ou de partitions d'opéras fut exécuté. Quelquefois ils jouaient des duos. Quand Emérance chantait une mélodie ou un grand air, Franz l'accompagnait; c'étaient des exercices qui valaient, pour Emérance, les meilleures leçons. Franz, heureux, enthousiaste, déclarait que la jeune fille avait un talent de prima donna; il l'appelait sa chère virtuose.

Le soir, après souper, on restait dans la pièce du rez-de-chaussée; on causait. Le temps s'enfuyait avec une rapidité prodigieuse. Souvent on ne se séparait qu'à une heure de la nuit fort avancée. On parlait de l'avenir.

— Pourquoi ne les mariez-vous pas? demanda un jour Franz à Mme Burner.

— Rien ne presse, répondit celle-ci.

— Sans doute, l'âge d'Emérance lui permet d'attendre; mais puisqu'il s'agit de son bonheur, pourquoi ne pas le lui donner tout de suite?

— Savez-vous, Franz, qu'une fois mariée, ma fille ne m'appartiendra presque plus?

— C'est de l'égoïsme maternel, cela! s'écria Franz. Si Emérance devait vous être enlevée, si elle devait aller habiter loin de vous, je comprendrais les paroles qui viennent de vous échapper, madame Burner; mais vous ne devez pas être séparées.

— Eh bien, mon ami, je me rends à vos raisons. J'aurais bien encore quelques oppositions à faire valoir: l'incertitude touchant la position de ma fille, par exemple. Mais ce serait méconnaître le désintéressement de Mme Mathié et de son fils et ne pas apprécier les sentiments d'Adrien.

— Voilà qui est bien pensé, madame Burner, dit Franz tout joyeux. Vous n'avez plus qu'à fixer le jour du mariage et à annoncer votre décision, qui sera accueillie avec joie.

— Ne me conseillez-vous pas de consulter d'abord M. Mimard?

— Ce qu'il a été pour vous, jusqu'à présent, vous en fait un devoir, madame Burner.

— Vous pensez absolument comme moi, Franz. En arrivant à Vimeux, Emérance avait trouvé trois amis, trois protecteurs; M. Mimard, seul, n'a pas renoncé à ces titres; il y aurait ingratitude de notre part si nous agissions sans le prévenir.

— Je sais, d'ailleurs, qu'il ne verra ce mariage avec déplaisir, dit Franz.

Le lendemain, vers midi, Mme Burner se rendit chez M. Mimard. Il n'était revenu que depuis la veille, de son voyage.

Pour Mme Burner, il fit quelques frais d'amabilité; il laissa même son visage s'épanouir.

— Je viens, d'abord, vous rendre la visite que vous avez bien voulu me faire l'autre jour, lui dit Mme Burner, et, ensuite, vous parler de certain projet dont vous avez déjà eu connaissance.

— Je vous écoute, madame.

— Il y a quelque temps, reprit Mme Burner, M. Adrien Mathié m'a demandé la main de ma fille; connaissant les sentiments d'Emérance, qui s'accordent avec le vœu de M. Mathié, j'ai donné mon consentement avec joie. Aujourd'hui, la jeune femme paraît ne plus vouloir attendre; sans en rien laisser voir, ma fille partage probablement son impatience. Seulement, je n'ai pas voulu fixer l'époque du mariage sans vous demander votre avis.

— Mon avis, madame, est que l'on ne doit jamais empêcher d'être heureux deux jeunes gens qui s'aiment, dit le notaire.

« Je n'ai aucun droit de vous conseiller; je n'en suis pas moins sensible à votre démarche; elle me flatte, en ce sens qu'elle me dit l'estime que vous avez pour moi.

— Mon estime, monsieur Mimard, est confondue avec celle de toutes les personnes qui vous connaissent; nous vous devons de plus, ma fille et moi, de la reconnaissance. Depuis le premier jour, vous n'avez cessé de nous donner des marques de votre bonté, de votre intérêt.

« N'avez-vous pas ainsi acquis le droit que vous voulez vous refuser?

Maître Mimard parut un instant embarrassé. Nous savons qu'il n'aimait pas à faire des compliments, peut-être était-il aussi peu disposé à en recevoir.

— Mon Dieu, madame, répondit-il, vous exagérez la reconnaissance que vous croyez me devoir, comme le peu que j'ai eu le bonheur de faire pour vous et mademoiselle votre fille.

— On est toujours modeste quand on est vraiment bon, reprit Mme Burner. Vous n'aimez pas être remercié, soit; mais mon cœur se souviendra. Je n'ose pas vous demander de vouloir bien honorer de votre présence le mariage de ma fille, cependant...

— Je serai heureux si vous me comptez au nombre des invités, madame Burner, interrompit le notaire.

— Merci, monsieur Mimard, merci.
— Du reste, reprit le notaire en souriant, vous m'oublieriez que je ne vous en ferais pas moins une visite après la cérémonie.
Mme Burner revint chez elle enchantée du notaire et le cœur plein de joie. Elle fit partager immédiatement son contentement à ses amis.
Le mariage fut fixé à trois semaines.
La nouvelle du prochain mariage de l'organiste avec Adrien Mathié fut bientôt connue de tout le village. Quelques petites indiscrétions ayant déjà été commises à ce sujet, l'étonnement ne frappa que sur une partie de la population. Personne ne songea à faire des remarques malveillantes. Emérance et Adrien s'aimaient, tout était pour le mieux. Le bon docteur Pangloss n'aurait pas autrement parlé.
Pour Joseph Hardi, ce fut un coup terrible, inattendu.
Il ne fit entendre aucune plainte, il ne comprit pas le mal que M. Saugerot lui avait fait; il laissa achever sa maison avec indifférence et tomba dans une mélancolie d'un caractère bizarre.
M. Gousselet, retenu dans son lit, trop mal encore pour s'intéresser à quelque chose, ne put rugir le colère. Son fils cessa de paraître dans les rues. Quant à Mme Gousselet, elle s'absorba complètement dans les soins que réclamaient ses jeunes couvées.
Ce qui occupa les jeunes filles de Vimeux, — exceptons pourtant celles qui avaient espéré qu'Adrien deviendrait leur mari, ce fut de savoir si telles et telles seraient invitées à la noce.
On en nommait trois ou quatre, mais les autres?... Les invitées devaient être bien heureuses, bien privilégiées... Celles qui avaient quelque espoir, — l'illusion en grossissait le nombre, — songèrent immédiatement aux atours qu'elles pourraient étaler ce jour-là.
Le poète villageois qui avait chansonné le maire et le curé, enivré de son premier succès, déclara qu'il composerait, s'il était de noce, un épithalame en trente-six couplets, pour le chanter aux jeunes époux le jour du mariage.
Les papiers attendus de Paris ne tardèrent pas à arriver. On songea, dès lors, à faire des déclarations obligées par la loi.
Le maire étant empêché, Franz et Adrien allèrent trouver l'adjoint, qui remplissait provisoirement les fonctions de M. Gousselet.
Il y avait encore le curé à voir pour le prier de faire les publications d'usage, demandées par l'Eglise, avant la célébration du mariage religieux, mais Adrien éprouvait une certaine répugnance à se trouver en face de M. Saugerot.
— Rien ne nous presse, dit-il à Franz, nous irons chez M. le curé dans quelques jours.
On aurait dit qu'il pressentait la dernière et terrible humiliation que M. Saugerot allait subir.

XXVIII

LE " MEA CULPA " DE M. SAUGEROT

ous avons vu avec quel enthousiasme les Vimeusains applaudirent à l'article du journal. A la ville, le succès ne fut pas moins grand. L'article fut commenté, analysé, loué, admiré dans les cafés, les salons et autres lieux de réunion. Et Vimeux, ce pauvre petit village, enfoui dans ses arbres fruitiers, perdu au milieu des côtes qui l'entourent, prit tout à coup une importance extraordinaire.
Il y eut une grande agitation parmi les ecclésiastiques de tous les âges et de tous les grades. Leurs clameurs franchirent les portes de l'évêché et arrivèrent à Monseigneur.
— Qu'est-ce? demanda-t-il d'un ton de mauvaise humeur à son grand vicaire et à deux chanoines qui faisaient invasion dans son cabinet.
— Nous dérangeons probablement Monseigneur, dit fort humblement le grand vicaire.
— Oui vous me dérangez beaucoup... Voyez, je suis occupé à écrire une lettre pastorale.
— Croyez, Monseigneur, que sans une nécessité absolue...
— Voyons, qu'avez-vous à me dire?
— Votre Grandeur m'autorise-t-elle à lui lire un article de ce journal? demanda l'un des chanoines.
— Est-ce qu'il est bien long?

— Assez, Monseigneur.
— Et il est absolument nécessaire que je l'entende?
— Absolument nécessaire, Monseigneur.
— Lisez donc, dit l'évêque avec résignation.
La lecture achevée, l'évêque, qui avait écouté fort patiemment, se leva.
— Tout cela est bien triste, messieurs, dit-il, bien triste.
— Tout le clergé du diocèse est dans la consternation, dit le grand vicaire.
— Cet article a produit une sensation très pénible sur les habitants de la ville, dit le chanoine.
— Je m'afflige avec vous, messieurs, reprit l'évêque. Mais que me conseillez-vous de faire?
— M. Saugerot a compromis non seulement son autorité personnelle, mais celle de l'Eglise, répondit le grand vicaire. Il est impossible qu'il reste à Vimeux maintenant.
L'évêque se tourna du côté des chanoines.
— Nous pensons comme M. le grand vicaire, Monseigneur, dirent-ils.
— Et où allons-nous mettre le curé Saugerot, monsieur le grand vicaire? demanda l'évêque.
— La cure de Provenches est libre en ce moment, et il me semble...
Un éclair brilla des yeux de l'évêque.
— Provenches, reprit-il est une des meilleures paroisses du diocèse. La manière dont le curé Saugerot s'est conduit à Vimeux mérite-t-elle donc une récompense, monsieur le grand vicaire?
— Je ne dis pas cela, balbutia le grand vicaire; mais il n'y a que cette cure qui soit vacante en ce moment.
— Dites-moi, messieurs, n'avez-vous pas entendu parler d'un jeune abbé qui, dernièrement, au péril de sa vie, s'est précipité dans une maison en feu pour sauver un vieillard paralytique?
— C'est le jeune vicaire de Deshortes, dirent les trois hommes.
— M. Caillet, ajouta le grand vicaire.
— C'est cela, dit l'évêque. Eh bien, monsieur le grand vicaire je donne la cure de Vimeux à M. Caillet. Quant à Provenches il y a dans un hameau un vieux prêtre, un saint, qui a toujours été oublié depuis quarante ans, c'est à lui que je confie cette paroisse.
« Avez-vous encore quelque chose à me dire?
— Non, Monseigneur.
— En ce cas, laissez-moi achever mon travail. Allez, mes frères, et que la paix du Seigneur soit avec vous.
Un matin, M. Saugerot reçut l'ordre de quitter Vimeux. Il fut terrifié. Comment alors il ouvrit les yeux, mais il était trop tard. On ne lui accordait que trois jours pour se rendre à sa nouvelle destination. C'est Joseph Hardi et sa sœur Félicité qu'il chargea de remplir les paniers et les caisses.
Il alla chez le maire pour se plaindre auprès d'un ami de la rigueur dont il était l'objet. M. Gousselet le reçut très froidement.
— J'ai bien assez de mes malheurs, lui dit-il. Ne me cassez pas les oreilles avec vos récriminations.
— Vous êtes un mauvais cœur, Gousselet, répliqua le curé avec amertume.
— Vous quittez Vimeux, reprit M. Gousselet, cela vous contrarie, je le comprends. Mais vous ne savez pas encore ce qui m'arrive, à moi: on a pris le prétexte que je suis malade pour me destituer. Je ne suis plus le maire de Vimeux, entendez-vous? Gérard a été nommé à ma place. Oh! ce misérable journaliste!... exclama M. Gousselet en se soulevant avec effort sur son lit.
— Il a raison, murmura le curé, l'article du journal est cause de tout.
— Eh, l'abbé, nous voilà couverts de honte tous les deux, reprit M. Gousselet; et cela, vous pouvez le dire, par votre faute, votre très grande faute.
— C'est la maladie qui vous rend si dur à mon égard, papa Gousselet; aussi je vous pardonne volontiers. Seulement, vous ne devriez pas oublier que c'est pour vous...
— Taisez-vous! je ne vous ai pas retiré la clef des orgues à l'organiste, interrompit le malade avec éclat; c'est ce que vous voulez dire, n'est-ce pas? Je ne le crois plus, monsieur Saugerot; on m'a suffisamment éclairé sur ce point. J'ai été un peu votre complice et beaucoup votre dupe, voilà la vérité.
— Les hommes, pour devenir ingrats, savent toujours trouver de mauvaises raisons, dit le curé avec aigreur. Je puis quitter Vimeux sans regret; je n'y laisse pas un ami.
— C'est votre faute, fit M. Gousselet.
Sa tête retomba sur l'oreiller. Ses yeux se fermèrent.
— Je n'ai plus rien à faire ici, pensa M. Saugerot. Le cœur d'un vieillard plus sec et plus dur qu'un caillou.
Il se leva, prit son chapeau et sortit.
M. Gousselet n'avait pas fermé les yeux, il sommeillait.
Le lendemain soir, deux voitures arrivèrent devant la cure pour recevoir le mobilier de M. Saugerot. Une demi-douzaine de paysans vinrent s'offrir pour aider au déménagement, qui, grâce à eux, se fit très promptement.

M. Saugerot les remercia avec chaleur.
— Ça n'en vaut pas la peine, allez, monsieur le curé, dit l'un d'eux.
— Est-ce que vous n'êtes pas un peu peinés de me voir vous quitter, mes amis ?
— Ça nous fait quelque chose tout de même, monsieur le curé.
— J'aimais Vimeux, reprit M. Saugerot d'un ton contrit ; je regretterai les paroissiens que je quitte. Ils ont bien un peu mauvaise tête, mais...
— C'est bien vrai, ça monsieur le curé, interrompit un paysan ; ils n'aiment pas qu'on les mène trop rudement.
M. Saugerot fit une grimace en guise de sourire.
— Et vous, mes amis, reprit-il, ne me regretterez-vous pas ?
— Ça dépend, monsieur le curé.
— Comment ! cela dépend ?
— Eh, oui, ça dépend du curé qui va venir, répondit le paysan ; il sera bon ou méchant, s'il est méchant, ajouta-t-il naïvement, on pourra bien se souvenir de vous ; s'il est bon, convenable, s'il ne se mêle pas des choses de la commune, s'il plaît, enfin, on l'aimera et... vous comprenez, monsieur le curé.

M. Saugerot se sentit rougir jusqu'aux oreilles. Il prit une prise pour dissimuler son mécontentement et se garda bien de pousser plus loin la conversation.
Joseph Hardi venait de compléter le chargement de la seconde voiture. M. Saugerot s'avança vers lui.
— Celui-là, pensa-t-il, m'est entièrement dévoué. Comme il a l'air triste ! Pauvre garçon, c'est mon départ qui l'afflige.
Il posa familièrement sa main sur l'épaule du carillonneur.
— Joseph, mon ami, dit-il, il ne faut pas tant vous chagriner.
Le sacristain regarda M. Saugerot et se mit à sourire, d'un sourire étrange et qui faisait mal à voir tant il semblait douloureux.
Le curé fit un pas en arrière.
— Ma maison est achevée, dit le sacristain d'une voix lente ; mais c'est un autre qui se marie. Est-ce que vous ne le savez pas, monsieur le curé ?
M. Saugerot tressaillit. Une sueur froide mouilla son front.
— Mon Dieu ! soupira-t-il.
— Ce sera un beau mariage, continua le sacristain ; c'est un autre qui se marie, et c'est moi qui sonnerai le joyeux carillon.
M. Saugerot poussa un second soupir et s'éloigna rapidement.
— Le faible esprit de ce malheureux est frappé, se dit-il ; sa raison ne pourra supporter le choc... Et c'est moi... Oh ! j'ai eu tort, j'ai eu tort !
Il entra dans l'église et tomba à genoux au milieu de la nef.
Deux larmes brûlantes coulèrent lentement sur ses joues.
— Mon Dieu, pardonnez-moi, dit-il.
Et son front, incliné, toucha la dalle glacée.
Les Vimeusains le virent partir avec une froide indifférence.
Après ses visites aux autorités municipales, où il ne vit que des gens disposés à lui être agréables, le jeune curé alla voir les dames Burner. Dans cette entrevue, on ne parla point de M. Saugerot. Le curé eut l'adresse de ne faire aucune allusion à la manière dont son prédécesseur s'était conduit envers l'organiste. Seulement, en se levant pour prendre congé, il se tourna gracieusement du côté d'Émérance :
— Mademoiselle, lui dit-il, on m'a beaucoup parlé de votre remarquable talent d'organiste ; dimanche prochain, après vous avoir entendue, je serai heureux de me compter au nombre de vos admirateurs.
Il est inutile de dire avec quelle joie Émérance annonça à ses amis qu'elle allait reprendre son emploi.
Ce fut pour Franz l'occasion de s'attendrir.
La veuve Mathié, presque toujours silencieuse, se borna à serrer affectueusement la main de Mme Burner.
— Tous les bonheurs à la fois ! s'écria Adrien, c'est trop...
Et il courut chez Antoine, chez tous ses amis pour leur apprendre la bonne nouvelle.

———o———

XXIX

UNE NOCE AU VILLAGE

'EST aujourd'hui.
En s'éveillant le matin, Adrien dit sans doute ces deux mots. Mais nous pouvons affirmer que ce fut un cri joyeux poussé par toutes les jeunes coquettes du village invitées à la noce. Pour elles, « c'est aujourd'hui » se traduisait ainsi : Plaisir, danser avec de jolis garçons, être belle avec une robe neuve et de frais rubans.
En faisant ses invitations, Adrien n'avait oublié aucun de ses camarades, et comme ils étaient nombreux, on s'était vu obligé d'inviter un nombre égal de jeunes filles. Aussi disait-on dans le village que la noce d'Adrien et d'Émérance serait la plus belle qui eût été vue jamais.
Dès huit heures du matin, Joseph Hardi commença à carillonner.
— Oh ! oh ! disaient les Vimeusains en écoutant la sonnerie des trois cloches, Joseph Hardi fait bien du tapage là-haut ; frappe-t-il fort !... Il a peut-être peur qu'on ne l'entende pas.
— Il a bon cœur tout de même, reprit une commère ; après avoir été dédaigné par la mariée, il en est plus d'un qui aurait refusé de carillonner.
— Ce diable de Joseph n'aura jamais de rancune, fit un paysan. C'est vraiment une bonne pâte d'homme.
— Depuis quelque temps, ne lui trouvez-vous pas un air tout drôle ? demanda un autre.
— Pauvre garçon ! Il est malheureux.
— Il avait rêvé que l'organiste serait sa femme, et elle va devenir celle d'un autre, il y a de quoi...
— Écoutez donc ; il tape sur ses cloches comme un sourd.
— On pourrait bien croire qu'il l'est, en effet, car il ne s'aperçoit pas qu'elles ont aujourd'hui la voix affreusement fausse.
— C'est vrai, quel singulier carillon !
— Ça ne ressemble à rien ; il fait du bruit, beaucoup de bruit, voilà tout.
En ce moment, deux violoneux sortirent de la maison de la veuve Mathié.
— Attention, dirent les curieux, voici la noce.
Les musiciens commencèrent à racler de leur instrument. Leurs chapeaux, comme les violons, étaient ornés de magnifiques rubans. Chacun portait à la boutonnière de sa veste un énorme bouquet de fleurs artificielles auquel étaient attachés une douzaine de rubans de toutes couleurs qui tombaient sur ses genoux.
L'apparition des mariés fut saluée par une cinquantaine de coups de fusil qui se firent entendre de plusieurs endroits aussi bien qu'on pût voir les chiens, cachés dans les jardins, les arbres ou derrière des murs.
D'un autre côté, les curieux poussaient des cris d'admiration.
Quand la noce sortit de l'église, Joseph Hardi se remit à carillonner. Au bruit des cloches se mêla celui de la poudre. Les cordes des violons grincèrent sous l'archet.
Sur la petite place de Vimeux, la noce fut arrêtée par une marchande de rubans. Les jeunes garçons ouvrirent leur porte-monnaie pendant que les jeunes filles se chamarraient de couleurs.
La marchande payée, on se remit en marche.
La foule des curieux, grossie, attendait, devant la maison de la veuve, le retour des mariés.
Suivant l'usage, la porte se trouva fermée quand la noce arriva.
Adrien s'avança et frappa trois coups.
— Qui est là ? demanda-t-on de l'intérieur.
— Je suis le marié, ouvrez-moi, répondit le jeune homme.
Alors la porte s'ouvrit légèrement et une femme présenta au marié un œuf dans un bassin de cuivre.
Adrien prit l'œuf et, sans s'éloigner de la porte, le lança en l'air. Devant les yeux de tous les spectateurs attentifs, l'œuf décrivit une ligne courbe allongée et alla se briser sur le toit de la maison.
Des bravos répétés se firent entendre.
Les hommes sérieux n'avaient vu dans cette épreuve de l'œuf, qu'un jeu de force et d'adresse ; mais les femmes, les vieilles surtout, disaient : « L'œuf est tombé sur le toit. Adrien sera heureux en ménage et le maître dans sa maison. »
Cependant, la porte s'étant ouverte entièrement, Adrien prit la main de sa jeune femme et ils entrèrent précédant

les parents et les invités. Alors ils furent entourés, pressés, et chacun leur donnait l'accolade.

Dans l'après-midi, Adrien et Émérance quittèrent la salle du bal pour aller faire quelques visites dans le village et inviter différentes personnes au repas du soir.

Mme Burner, Franz et Antoine les accompagnèrent.

En passant devant la maison de Joseph Hardi, Émérance se souvint tout à coup qu'elle lui avait promis de la visiter.

Le sacristain, assis près de sa porte, sur une pierre, les coudes appuyés sur ses genoux et la tête dans ses mains, semblait absorbé dans une rêverie profonde. Sa coiffure était tombée à terre; le vent soulevait les mèches de ses longs cheveux que le soleil couchant rougissaient. Il n'entendait point que plusieurs personnes s'approchaient.

— Est-ce qu'il dort? dit Antoine en le touchant légèrement.

Joseph Hardi fit un mouvement, releva lentement la tête et regarda curieusement ceux qui étaient devant lui.

— Je n'ai pas oublié la promesse que je vous ai faite, monsieur Hardi, dit Émérance; je viens voir votre belle maison.

— Ma maison? répéta le sacristain.

— Oui, mon vieux, nous venons la visiter, reprit Antoine. Voyons, sois galant pour ces dames, et montre-nous les magnificences de la demeure.

Joseph Hardi resta immobile. Ses yeux s'étaient arrêtés sur Émérance et ne la quittaient plus.

— C'est joli, une robe blanche, une belle couronne de mariée; j'ai de l'argent, j'en achèterai à ma fiancée, dit-il.

— Tu as donc une fiancée, Joseph? demanda Antoine en souriant.

— Oui. Chère mignonne, je l'attends; elle viendra bientôt, en hiver, quand il fera froid.

— Que dit-il? s'écria Antoine.

Et, très ému, il se tourna vers Émérance et Adrien. Il les vit attristés et comprit qu'ils avaient la même pensée que lui.

— La voilà, la voilà, fit tout à coup Joseph Hardi.

— Qui donc? demanda Antoine en s'approchant.

— Chut, parlez plus bas; c'est ma fiancée.

— Ta fiancée! Où donc?

Le sacristain étendit la main devant lui.

— Là, dit-il. Ah! reprit-il aussitôt, la voilà qui s'envole.

Son regard suivit pendant un instant le vol capricieux d'un papillon blanc.

— Je l'attendrai, elle reviendra, dit-il.

Et lui en disant:

— Le soleil va se coucher, la nuit va venir, je dois dire bonsoir à mes cloches.

Les spectateurs de cette scène douloureuse se regardèrent.

— Pauvre garçon! murmura Émérance.

— Plaignons-le, dit Adrien.

— C'est triste, bien triste, dit Franz.

— Il est au-dessus de toutes nos misères, ajouta philosophiquement Antoine.

Joseph Hardi n'avait jamais possédé une raison bien solide; pendant plusieurs années, il avait été une marionnette dont M. Saugerot tenait les fils. Le curé parti, Joseph Hardi, ainsi qu'une machine livrée par son inventeur à des mains qui ne savent pas s'en servir, avait vu la pensée lui échapper; sa raison s'en était allée. Les fils de la marionnette étaient rompus.

XXX

LE DERNIER MOT DE MAITRE MIMA

A fin d'un repas de noce est toujours égayée par des romances et des chansonnettes. Au village, on chante beaucoup et fort mal. Il faut l'avouer. N'importe! les bravos sont prodigués unanimement.

Je ne vous dirai pas le nombre des chansons, vieilles et nouvelles, qui furent chantées le soir chez la veuve Mathié. Ce fut Émérance qui chanta la première, l'usage le veut ainsi. Elle choisit la romance qui nous a fourni le sujet d'un chapitre de cette histoire et qui devait rappeler à Adrien une des heures les plus charmantes de sa vie.

En chantant, Émérance souriait en regardant malicieusement son mari, qui, — nous n'affirmons rien, — subissait peut-être encore le charme étrange de la première audition.

Le poète du village chanta, quand vint son tour, le fameux épithalame en trente-six couplets. Le succès fut médiocre; on l'écouta avec des oreilles ennuyées; cependant on lui sut gré de sa bonne intention et, satisfaite de ne plus avoir à entendre ses vers, l'assemblée lui accorda quelques applaudissements. Mais l'épithalame avait singulièrement refroidi l'enthousiasme des convives. On eut l'heureuse idée d'apporter à Franz le violon de Stéphen Burner.

Le vieillard exécuta, en artiste consommé qu'il était, un solo splendide d'harmonie. Ce morceau avait dû être composé sous l'influence d'une grande joie, car il exprimait l'allégresse sous toutes les formes. C'était l'âme réjouie, s'ouvrant à tous les espoirs; c'était le bonheur rendu avec ses accents les plus enthousiastes, les plus émus.

Les invités, émerveillés, applaudirent des deux mains.

Maître Mimard prit la parole et adressa à Franz des félicitations au nom de tous.

Franz rougit comme une jeune fille et, toujours modeste, se réfugia près de Mme Burner, pour ne pas laisser trop remarquer son embarras.

— Cher Franz, lui dit-elle avec un sourire et des larmes de bonheur, comme vous connaissez bien mon cœur! On dirait que vous lisez dans ma pensée et que rien de ce qui se passe dans mon cœur ne vous est inconnu...

Le vieillard, qui croyait avoir échappé aux compliments, se troubla tout à fait. Il balbutia quelques mots inintelligibles.

— Allons, Franz, reprit Mme Burner, ne vous défendez pas, laissez-moi vous remercier. Quand vous avez pris le violon de Stéphen, je me disais: Si Franz connaissait mon désir, il jouerait le beau morceau que mon mari a composé le jour de la naissance d'Émérance, et c'est précisément ce morceau que vous avez exécuté mon ami. Savez-vous ce que cela prouve, Franz? C'est que nos cœurs s'entendent et que, au milieu de la joie du moment, l'ami et la veuve de Stéphen Burner n'oublient point celui qu'ils ont aimé. N'en doutons pas, Franz, en ce moment, l'âme de Stéphen est au milieu de nous. Ombre chérie, elle doit être satisfaite, heureuse de nous sourire.

— Je le crois, madame Burner, dit Franz, mais nous ne sommes pas seuls à nous souvenir; regardez Émérance, ses yeux sont fixés sur nous, elle a deviné que nous parlions de lui. Des pleurs ont coulé sur ses joues, elle les essuie. Oh! oui! l'âme de Stéphen doit être heureuse.

Cependant, le solo de violon avait ramené la gaîté parmi les convives; on ne songea plus qu'à passer joyeusement la soirée.

Le vin de Bourgogne continua à chauffer les têtes. Toutes les langues étaient déliées.

— Une chanson, une chanson! criait-on. A qui le tour?

— Allons, monsieur Mimard, dit une voix à la table des vieux, c'est à vous, il faut nous chanter quelque chose.

— Oui, oui, écoutons la chanson de M. Mimard, criait-on de tous côtés.

Et en signe de respect pour la position et le caractère du notaire, il se fit un profond silence.

Maître Mimard se promena en souriant son regard sur les convives.

— Mes amis, dit-il, vous me mettez dans un grand embarras; je n'ai jamais su chanter, et j'avoue humblement que je n'ai pas dans ma mémoire le moindre petit refrain, mais vous avez assez d'agréables chanteurs qui vous dédommageront amplement. Si je ne puis placer ma chanson à côté de celles que nous avons entendues déjà, je veux, néanmoins, fêter avec vous les jeunes époux et payer d'une autre manière mon tribut à la gaieté générale.

Il s'approcha d'Émérance.

— Madame, reprit-il d'une voix émue et assez forte pour être entendue de tout le monde, peu de temps avant votre arrivée à Vimeux, la commune perdait un homme de bien et moi un ami très cher, j'ai nommé Ducray. Tous ceux qui sont ici l'ont connu, ils savent combien il était bon et généreux.

Fortement impressionnée par ce début, Émérance s'était levée, prête à répondre à M. Mimard. Celui-ci continua:

— Non content des bienfaits qu'il avait répandus autour de lui pendant sa vie, il voulut encore faire du bien après sa mort. C'est dans cette pensée qu'il légua à la paroisse et à la commune la somme d'argent qui permit d'acheter la pompe à incendie et les orgues, en même temps qu'il constitua une rente de huit cents francs affectée au traitement de l'organiste. La même pensée de bienfaisance lui suggéra l'idée d'assurer, autant que possible, et contre toutes les éventualités, le bonheur et l'avenir de la première organiste de Vimeux, le vôtre, madame, ajouta le notaire en s'adressant directement à Émérance.

Tous les invités regardaient M. Mimard et l'écoutaient avec la plus grande attention.

— Un article du testament de Ducray, reprit-il, n'acceptait pour la première organiste qu'une jeune fille âgée de moins de vingt ans. L'article suivant, prévoyant le mariage, dit: « Si l'organiste prend pour mari un jeune « homme né à Vimeux, je lui lègue une dot de qua-

« rante mille francs, qui lui sera remise le jour même de
« son mariage. »
Un cri de surprise générale se fit entendre. Tous les invités se levèrent en même temps.
— Quarante mille francs! disaient quelques-uns, c'est joli, on ne peut pas dire le contraire.
— C'est comme un conte de fées, reprenaient d'autres avec envie.
— Voilà un soufflet qu'Adrien Mathié ne s'attendait guère à recevoir.
— Cette fois, au moins, dit un vieillard, la fortune ne s'est pas trompée de route, elle tombe en bonnes mains. Je propose de vider un verre plein au souvenir de ce pauvre Ducray.
Les verres furent remplis et les paysans choquèrent en disant :
— A la santé de Ducray.
Derrière eux, Claviot faisait entendre un rire sardonique.
— Ma parole d'honneur, ils sont superbes, dit-il à Antoine : les voilà qui boivent à la santé d'un mort.
Pendant ce temps, le notaire avait ouvert un portefeuille et remettait divers papiers à Emérance.
— Ce sont, dit-il, les titres représentant le capital que vous a légué Ducray...
— Notre bienfaiteur, interrompit la jeune femme, qui avait de la peine à ne pas croire qu'elle fût le jouet d'un rêve étrange.
— Il y a six mois, continua le notaire, que je l'ai converti en valeurs faciles à réaliser. Dès demain vous pourrez toucher le premier semestre de la rente.
Emérance tendit les papiers à son mari.
— Mon cher Adrien, lui dit-elle, ceci vous regarde.
Un instant après, Antoine disait au notaire :
— Je m'explique maintenant la conduite de M. Gousselet, de M. Saugerot. Ils connaissaient certainement la donation des quarante mille francs.
— Parbleu! fit le notaire en souriant.
— Savez-vous, monsieur Mimard, reprit Antoine, que le testament de votre ami Ducray me fait supposer...
— Quoi donc? demanda le notaire en regardant fixement le sous-officier.
— Oh! je m'empresse de reconnaître la pensée généreuse qui l'a dicté.
— Et vous avez raison, dit le notaire.
— Mais, reprit Antoine, n'y pourrait-on pas trouver aussi l'idée d'une petite vengeance ?
— Ah! vous voyez cela, vous?
— Je puis me tromper. Il me semble pourtant...
Maître Mimard laissa passer sur ses lèvres un sourire étrange. Antoine le surprit.

— Vous ne dites pas tout ce que vous savez, monsieur Mimard, reprit-il, mais c'est votre secret et je veux le respecter.
— Mon cher Antoine, dit le notaire, je n'ai vraiment rien à cacher, à vous surtout, car vous n'êtes pas homme à aller étourdiment répéter mes paroles partout. En deux mots, voici ce que je sais : Ducray a eu à se plaindre plus d'une fois de ses bons amis le maire et le curé, et comme il connaissait leurs qualités et leurs défauts mieux qu'ils ne les connaissaient eux-mêmes...
— Oui, oui, dit Antoine, c'est cela. Ce qu'il avait prévu est fatalement arrivé.

. . . .

Emérance avait exigé que Franz se fixât pour toujours à Vimeux. Après avoir essayé de résister, il avait fini par comprendre qu'il n'avait rien de mieux à faire.
M. Gousselet était parfaitement rétabli, il suivait à la lettre les prescriptions de son médecin et faisait de grands efforts pour perdre son embonpoint, mais sans y réussir. Cependant il espérait qu'il pourrait éviter une seconde attaque. Il n'avait pas renouvelé son abonnement au journal du département, il lui suffisait de voir seulement un journal pour qu'il frissonnât.
M. Léon Gousselet se consolait de la perte d'Emérance en contant, je ne sais quoi, à une grosse jeune fille assez jolie, mais fort niaise, qui gardait les vaches de son père. Encouragé par l'exemple de sa mère, il s'était adonné à la multiplication des lapins.
Joseph Hardi attendait toujours sa fiancée. On le voyait souvent dans la prairie, faisant la chasse aux papillons. Quand il avait réussi à en attraper un, il le lâchait aussitôt en disant : « Ce n'est pas elle. » Il aimait toujours les trois cloches de Vimeux, il ne se couchait jamais sans avoir été leur dire bonsoir. Il avait été remplacé par un autre sacristain, mais, sous les ordres de son successeur, il sonnait encore l'angelus et carillonnait aux jours de fête. Il n'avait pas à s'inquiéter de sa nourriture : tantôt dans une maison, tantôt dans une autre, il trouvait un morceau de pain, du lard et un verre de vin. D'ailleurs, sachant qu'il ferait plaisir à Emérance, Adrien veillait à ce que Joseph Hardi ne manquât de rien.
On venait d'apprendre à Vimeux que M. Saugerot, placé dans une commune à quelques lieues de distance, se faisait aimer de ses nouveaux paroissiens.
Trois fois déjà, Antoine avait dit à Adrien :
— Je vous vois si heureux, toi et ta chère Emérance, que votre bonheur me fait envie. Je veux me marier aussi. Les femmes sont rares, mais, en cherchant bien, il est impossible que je n'en trouve pas une.

FIN

LA GRANDE COLLECTION NATIONALE

35 cent. :: :: L'OUVRAGE COMPLET :: :: **35 cent.**

Sous belle couverture illustrée en couleurs

OUVRAGES PARUS :

1. MADAME LA MARQUISE, roman de mœurs, par Ch. MÉROUVEL.
2. *LE CAPITAINE FINE-LAME, roman de cape et d'épée, par Henri GERMAIN.
3. MULOT ET GENDRES, drame poignant de la vie réelle, par C. FOLEY.
4. *ROSE SAUVAGE, roman d'amour, par Georges MALDAGUE.
5. *L'ILE DU DOCTEUR MOREAU, roman d'aventures, par H.-G. WELLS.
6. *LE MILLION DU PÈRE RACLOT, roman sentimental, par Émile RICHEBOURG.
7. AMOURS DE JEUNESSE, délicieuses aventures tirées des Mémoires de CASANOVA.
8. LA FILLE AUX YEUX D'OR, suivie de LA VENDETTA, dramatiques récits, par Honoré de BALZAC.
9. *VOYAGE AU PAYS DES MILLIARDS, relation de voyage en Allemagne, par Victor TISSOT.
10. MARIAGES DE RAISON, amusantes histoires, par Max et Alex. FISCHER.
11. MARTYRE, émouvant roman, par Adolphe d'ENNERY.
12. LA RELIGIEUSE, le chef-d'œuvre de DIDEROT.
13. *SERVITUDE ET GRANDEUR MILITAIRES, scènes empoignantes et vécues, par Alfred de VIGNY.
14. *LE CHEMIN DU BONHEUR, roman exquis, par Paul BONHOMME.
15. *LES DERNIERS JOURS DE POMPÉI, roman de la vie antique, par Lord LYTTON (Sir Edward Bulwer).
16. LE COMTE SATAN, grand roman populaire, par F. LAFARGUE.
17. LES AMOURS DE LA DUCHESSE DE LA VALLIÈRE, histoire sentimentale de la grande favorite, par Mme de GENLIS.
18. *POÉSIES d'Alfred de VIGNY.
19. LES PLUS JOYEUX CONTES DE LA REINE DE NAVARRE, historiettes gauloises, par Marguerite de VALOIS.
20. SIMONE, histoire d'une jeune fille moderne, par V. TISSOT.
21. RÉSURRECTION, adaptation populaire de l'œuvre immortelle de TOLSTOÏ.
22. LA LUXURE, passionnant roman, par Eugène SUE.
23. L'AUBERGE ROUGE, Un Épisode sous la Terreur, L'Elixir de longue vie, Sarrazine, Un Drame au bord de la mer, tragiques récits, par Honoré de BALZAC.
24. *POÉSIES (Rolla, Les Nuits, Poésies nouvelles, Contes en vers), d'Alfred de MUSSET.
25. LES LOISIRS DE BERTHE LIVOIRE, roman humoristique, par Robert SCHEFFER.
26. *NAPOLÉON INTIME, raconté par son valet de chambre CONSTANT.
27. GATIENNE, délicieux roman, par Georges de PEYREBRUNE.
28. *LES DÉBUTS DE SHERLOCK HOLMES, palpitantes aventures du célèbre détective, par CONAN DOYLE.
29. LETTRES D'AMOUR A SOPHIE, correspondance sentimentale de MIRABEAU.
30. *LA MARE AUX FOLLES, grand roman dramatique, par Georges MALDAGUE.
31. ROME GALANTE SOUS LES CÉSARS, histoire saisissante de la vie antique, par SUÉTONE.
32. LE COFFRE-FORT, roman dramatique et littéraire, par J.-H. ROSNY aîné, de l'Académie Goncourt.
33. AVENTURES DE GIL BLAS DE SANTILLANE, par LE SAGE.
34. TROTTIN DE PARIS, roman, par Georges BEAUMÉ.
35. L'AMOUR A VENISE, délicieuses aventures tirées des Mémoires de CASANOVA.
36. *ROBINSON CRUSOÉ DANS SON ILE, adaptation de l'immortel chef-d'œuvre de Daniel de FOË.
37. *LE SORCIER, délicieux roman inédit, par Henri GERMAIN.
38. LA VIE ET LA CORRESPONDANCE AMOUREUSE D'HÉLOÏSE ET D'ABÉLARD.
39. *ADAM WORTH, Mémoires d'un voleur de qualité, relation recueillie par Maurice STRAUSS.
40. *UN DRAME SOUS LA RÉVOLUTION, roman historique, par Charles DICKENS.
41. LE DROIT D'ÊTRE MÈRE, roman social, par Paul BRU (Lettre-Préface de Brieux.)
42. WERTHER, roman d'amour, par GOETHE.
43. *LES HOMMES VOLANTS, prodigieuse histoire de la conquête de l'air, par H. de GRAFFIGNY.
44. *POUR LUI ! roman dramatique, par Louis ESNAULT.
45. DAPHNIS ET CHLOÉ, roman pastoral, par LONGUS.
46. *PERDU AU MAROC, roman d'aventures, par Charles MALATO.
47. *LE DRAPEAU BRISÉ, histoire d'Alsace-Lorraine, par G. LAURENT.
48. *LA PRISE DE BERLIN, par NAPOLÉON, bulletins de la Grande Armée.
49. *LA COMTESSE VASSALI, une héroïne de la liberté, par OUIDA.
50. LE ROMAN D'UN OFFICIER, histoire vécue, par Jean SAINT-YVES.
51. L'ESPION DE L'EMPEREUR, par Charles LAURENT.
52. *LES FRANÇAIS A VIENNE, bulletins de la Grande Armée.
53. MON ONCLE BARBASSOU, amusant roman, par Mario UCHARD.
54. SECRETS ET MYSTÈRES DE LA COUR DE PRUSSE, Mémoires de VOLTAIRE.
55. *AVENTURES DE CYRANO DE BERGERAC, par Jules LERMINA.
56. *CŒUR D'ORPHELINE, délicieux roman, par Camille PERT.
57. *MES PRISONS. Dix ans dans les cachots autrichiens, par Silvio PELLICO.
58. *LA VIE PRIVÉE DE JOSÉPHINE, racontée par sa femme de chambre, Mlle AVRILLION.
59. L'INFORTUNE PLUMARD, amusant roman, par Rodolphe BRINGER.
60. IVANHOE, roman historique, par Walter SCOTT.
61. SANS PITIÉ, grand roman populaire, par Georges MALDAGUE.
62. LES PLUS JOLIS CONTES DE BOCCACE.
63. *L'ENQUÊTE, roman dramatique, par Maurice LANDAY.
64. UN LYS DANS LA NEIGE, charmant roman, par Victor TISSOT.
65. *UNE CONSPIRATION SOUS LE PREMIER EMPIRE, par CONAN DOYLE.
66. *LE POILU AUX MILLE TRUCS, et autres nouvelles et drames comiques, par CAMI.
67. *LE COLONEL CHABERT. — Adieu — El Verdugo, par Honoré de BALZAC.
68. UN CŒUR VIRGINAL, roman, par Remy de GOURMONT.
69. *COMME UNE FLEUR, roman sentimental, par Rodna BROUGHTON.
70. *LE CHEVALIER DE CHABRIAC, roman historique, par le baron de BAZANCOURT.
71. *MADEMOISELLE MIMI PINSON. — Histoire d'un Merle blanc. — Le Secret de Javotte. — La Mouche, par Alfred de MUSSET.
72. *40.000 FRANCS DE DOT, grand roman populaire, par Émile RICHEBOURG.
73. *LA SACRIFIÉE. — Ça fait du bruit. — Le Médecin du District. — Karataïev, histoires émouvantes, par TOURGUÉNEFF.
74. *PAUL ET VIRGINIE. — La Chaumière Indienne, délicieux romans, par BERNARDIN DE SAINT-PIERRE.
75. LA CHASSE AUX AMANTS, intéressant roman, par C. de BERNARD.
76. *LA NOUVELLE MADELEINE, passionnant roman, par Wilkie COLLINS.
77. L'AMOUR AU PAYS BLEU, roman d'amour, par Hector FRANCE.
78. VIEILLES CHANSONS DE FRANCE.
79. *LE SECRET DE L'ESPAGNOL, roman populaire, par H. GERMAIN.
80. SUZANNE, roman vécu, par Édouard OURLIAC.
81. *LES FIANCÉS, roman historique, par MANZONI.
82. LE BONHEUR A TROIS, roman, par Armand CHARPENTIER.
83. MANON LESCAUT, roman d'amour, par l'abbé PRÉVOST.
84. LE POINT NOIR, émouvant roman, par Fernand LAFARGUE.
85. L'AMIE, roman, par Henry GRÉVILLE.
86. LES PLUS CÉLÈBRES CONTES DROLATIQUES, par H. de BALZAC.
87. *LA MAISON DU DAMNÉ, roman mystérieux, par Pierre ZACCONE.
88. *HEVA, roman d'aventures, par J. MÉRY.
89. L'ADORATION PERPÉTUELLE, roman d'amour, par Guy de TÉRAMOND.
90. *YVONNE LA SIMPLE, grand roman populaire, par G. MALDAGUE.
91. *LES ÉMOTIONS DE POLYDORE MARASQUIN, roman d'aventures, par Léon GOZLAN.
92. LE MARI D'HÉLÈNE. — La Maîtresse de Gramigna. — La Guerre de Saint Pascal et de Saint Roch. — Cavalleria Rusticana, par Giovanni VERGA.
93. CANDIDE. — L'Ingénue, chefs-d'œuvre de Voltaire.
94. *L'ÉPINGLE NOIRE, roman historique, par G. LENÔTRE.
95. *AVENTURES HÉROÏQUES ET AMOUREUSES DE DON QUICHOTTE, par CERVANTES.
96. *MADEMOISELLE CLÉOPATRE, roman, par Henry GRÉVILLE.
97. *LES JOYEUSETÉS DE LA CORRECTIONNELLE, par Jules LÉVY.
98. *QUO VADIS, adaptation du célèbre roman d'Henrick SIENKIEWICZ.
99. *LE MARQUIS DE LESTORIÈRE, intéressant roman, par Eugène SUE.
100. LES HEURES PERDUES D'UN CAVALIER FRANÇAIS, par un contemporain de BRANTÔME.
101. *LES VACANCES DE CAMILLE, roman d'amour, par Henry MURGER.

IL PARAIT DEUX VOLUMES PAR MOIS, LE 15 ET LE 30

ENVOI FRANCO DE CHAQUE VOLUME CONTRE 35 CENTIMES

(*) Les ouvrages précédés d'un astérisque peuvent être mis entre toutes les mains.

F. ROUFF, Éditeur, 148, rue de Vaugirard, PARIS (XVe)

72. — Grande Collection Nationale.   Sceaux — Imp. Charaire.

www.ingramcontent.com/pod-product-compliance
Lightning Source LLC
Chambersburg PA
CBHW060458050426
42451CB00009B/707